Bibliographic information published by the German National Library:

The German National Library lists this publication in the National Bibliography; detailed bibliographic data are available on the Internet at http://dnb.dnb.de .

Imprint:

Print and binding: Books on Demand GmbH, Norderstedt Germany
ISBN: 9783668439528

This book at GRIN:

http://www.grin.com/es/e-book/356263/algoritmos-geneticos-aplicados-a-busqueda-de-motifs-en-secuencias-de-adn

Miguel Angel Castañeda Reyes

Algoritmos genéticos aplicados a búsqueda de motifs en secuencias de ADN

GRIN Publishing

INSTITUTO TECNOLÓGICO Y DE ESTUDIOS SUPERIORES DE MONTERREY

ALGORITMOS GENÉTICOS APLICADOS A BÚSQUEDA DE MOTIFS EN SECUENCIAS DE ADN

TESIS QUE PARA OPTAR EL GRADO DE
MAESTRO EN CIENCIAS DE LA COMPUTACIÓN
PRESENTA

MIGUEL ANGEL CASTAÑEDA REYES

Atizapán de Zaragoza, Edo. de Méx., noviembre, 2016

Agradecimientos

En primer lugar, quiero agradecer a Dios por permitirme vivir día con día.

A mis padres por darme la vida y darme las herramientas necesarias para ser una persona de bien.

A mis hermanos por todo el apoyo y cariño que me han brindado desde mi nacimiento.

A mi esposa por ser una leal compañera y alentarme siempre en seguir adelante.

A mi hijo por darme la dicha de ser padre y por fortalecer mi responsabilidad de ser mejor persona cada día.

A mis amigos por convivir conmigo, alentarme y hacerme ver mis errores.

A mis compañeros de la maestría por sus enseñanzas y trabajo en conjunto durante las horas de clase.

A mi asesor de tesis por guiarme para alcanzar este grado.

A mis compañeros de trabajo y a todos aquellos que conviven conmigo diariamente, porque aprendo algo nuevo cada día gracias a ellos.

A mis sinodales por tomarse el tiempo de revisar mi trabajo y ser el jurado en mi defensa de tesis.

Índice General

Índice de Figuras

RESUMEN

En esta tesis presento la comparación de dos enfoques para resolver el problema de la búsqueda de *motifs* en secuencias de ADN mediante el uso de algoritmos genéticos, el primer enfoque hace una búsqueda por posición, que es evaluar los patrones obtenidos de posiciones iníciales y determinar si es el *motif* a encontrar en las secuencias, el segundo enfoque es la búsqueda por patrón, que es evaluar todas las posibles cadenas que se pueden formar con una longitud fija de nucleótidos e ir comparando de principio a fin dentro de las secuencias de ADN para encontrar el *motif.*

Los *motifs* son una clase de patrones en el contexto del análisis de secuencias biológicas y son de mucha importancia porque se sabe que ciertas proteínas especiales llamadas TF (Transcription Factors) o Factores de Transcripción, se unen con algunas subcadenas en el ADN formando los *motifs* o TFBS(Transcription Factors Binding Sites) en español Sitios de Unión de Factores de Transcripción y con estas uniones se activa o desactiva el proceso de expresión genética, mediante el cual los genes son transcritos en forma de ARN mensajero(mARN) llamado ribosoma, el ribosoma toma una secuencia de nucleótidos y los traduce en una cadena de aminoácidos en el orden establecido por el mARN, formando cadenas poliméricas lineales de una proteína.

Los algoritmos genéticos son modelos computacionales que simulan los procesos biológicos de la reproducción de las especies y nos ayudan a resolver problemas de optimización y búsqueda. En este comparativo entre la búsqueda de *motifs* por patrones y la búsqueda de *motifs* por posiciones se pretende determinar qué método es más eficiente para encontrar los patrones con mayor exactitud, ¿cuál es su complejidad computacional? y cómo se comporta generación tras generación en el algoritmo genético.

ABSTRACT

In this thesis, I present the comparison of two approaches to solve the problem of finding motifs in DNA sequences using genetic algorithms, the first approach does a position search, which is to evaluate the patterns obtained from initial positions and determine if is the motif to find in the sequences, the second approach is a search by pattern, which is to evaluate all possible strings that can be formed with a fixed length of nucleotides and go comparing from beginning to end within the DNA sequences to find the motif.

Motifs are a class of patterns in the context of biological sequence analysis and are of great importance because it is known that certain special proteins called TF (Transcription Factors) that are joined with some substrings in the DNA forming the motifs or TFBS (Transcription Factors Binding Sites) and with these unions are activated or deactivated the gene expression process whereby genes are transcribed in a form of mRNA called ribosome, the ribosome takes a nucleotide sequence and translates it into a chain of amino acids in the established order by the mRNA forming linear polymer chains of a protein.

Genetic algorithms are computational models that simulate the biological processes of species reproduction and help us solve problems of optimization and search. In this comparison between the search for motifs by patterns and the search for motifs by positions is intended to determine which method is more efficient to find the patterns with greater accuracy, what is its computational complexity? and how it behaves generation after generation in the genetic algorithm.

Capítulo 1

Introducción.

1.1 Antecedentes.

La biología moderna tiene una gran cantidad de dudas fascinantes y nunca antes se había estado tan cerca de responder, por ejemplo, ¿Cómo se adaptan las especies a su ambiente?, ¿Qué parte de nuestro genoma está evolucionando más rápido?, ¿Somos descendientes de los neandertales?, etc. Muchas preguntas hechas en la biología moderna solo pueden responderse con el análisis computacional de grandes cantidades de datos genómicos. [1] Este análisis de datos mediante herramientas y técnicas computacionales es lo que se conoce como bioinformática. Dentro de la bioinformática se utilizan técnicas computacionales, matemáticas y estadísticas para el análisis, interpretación y generación de datos biológicos. [2]

Las primeras secuencias del genoma humano[23] fueron obtenidas en el 2001, estas secuencias genómicas se representan en grandes volúmenes de datos digitales por lo que para su análisis fue necesario encontrar nuevas técnicas que ayudaran a entender como estaba formado el ADN y su funcionamiento, para ayudar a la biología a entender cómo están formados los organismos, se puede decir que la bioinformática es de mucha importancia porque nos permite determinar qué información es biológicamente relevante a nivel molecular.[3]

Para estudiar estos datos se han utilizado métodos exhaustivos para recorrer las secuencias de ADN. Los métodos exhaustivos o también conocidos como de fuerza bruta son una herramienta utilizada cuando no se tiene un método eficiente para llegar a la solución, ya que examinan cada una de las posibles alternativas para encontrar dicha solución [14], concretamente para este trabajo la solución es encontrar patrones dentro del ADN.

Existe una clase de patrones dentro de las secuencias de ADN que se les conoce como *motifs* de ADN o Sitios de Unión de Factores de Transcripción o Transcription Factor Binding Sites (TFBS por sus siglas en inglés), que son patrones en secuencias biológicas que pueden indicar ciertas características biológicas, estos patrones son de longitudes pequeñas de entre 6 y 12 caracteres. La pregunta es ¿porqué son importantes estos *motifs*? son importantes porque nos pueden ayudar a entender cómo se traduce la información genética para dar origen a los seres vivos. [8] Los *motifs* en español se les conoce como "motivos", pero dentro de este trabajo se utilizará el término *motifs* para estar más apegado a la literatura existente.

Se sabe que ciertas proteínas especiales llamadas TF (Transcription Factors) o Factores de Transcripción, se unen con algunas subcadenas en el ADN formando los TFBS y con estas uniones se activa o desactiva el proceso de expresión genética, mediante el cual los genes son transcritos en forma de ARN mensajero (ácido Ribonucleico). [8]

Para la biología es muy importante la identificación de los TFBS's y de elementos que controlan la expresión genética y las interacciones entre los Factores de Transcripción (FT) para explicar el origen de los seres vivos. [8]

En la actualidad se tienen grandes cantidades de datos biológicos en las secuencias de ADN de los organismos, es importante buscar técnicas que nos ayuden a encontrar patrones dentro de todos estos datos. [17]

La búsqueda de *motifs* no es algo fácil, es complicado encontrar patrones en tan grandes cantidades de datos, a esto se le conoce como el problema de la búsqueda de *motifs* y puede ser parafraseado de la siguiente manera: Dentro de un conjunto de secuencias aleatorias de ADN, un *motif* padre de longitud "*l*" se encuentra en cada secuencia en lugares aleatorios. En ocasiones el *motif* muta en "d" lugares, el problema es recuperar las posiciones de estos *motifs*, conociendo solo los parámetros "*l*" y "d" y que cada secuencia contenga una instancia del *motif*. [24]

El problema de la búsqueda de *motifs* por su complejidad pertenece a la clase de problemas NP-Completos, ya que no es posible encontrar una solución en tiempo polinomial, además que los *motifs* son señales muy pequeñas y en poca cantidad en comparación de la secuencia de ADN donde se buscan. [18]

Para evitar evaluar todas las posibles soluciones que nos dan los métodos exhaustivos se pueden acotar las posibilidades solo evaluando algunas soluciones que nos pudieran ayudar en nuestro caso a encontrar el *motif*, estas posibles soluciones pueden ser evaluadas con algoritmos genéticos (AG), que son una técnica de optimización y búsqueda basada en los principios de la genética y la selección natural.

Un AG permite a una población compuesta de muchos individuos a evolucionar bajo las reglas de la selección a un estado que maximiza la aptitud. [7] Cada uno de estos individuos representan una solución y bajo los principios genéticos de cruzamiento y mutación se puede encontrar una solución que represente el *motif* a buscar. En otras palabras un AG crea poblaciones y cada individuo es evaluado y es una solución potencial, los nuevos individuos de las nuevas generaciones van cambiando y aproximándose más a la solución ya que también son evaluados y se puede determinar que tan aptos son, es decir, que los que tengan una aptitud mayor pasarán su información a las nuevas generaciones y además serán cruzados con otros individuos para mejorar su aptitud, así como también pueden mutar para tener cambios que permitan explorar más posibles soluciones.

Los AG generan aproximaciones a la solución, pero no se puede garantizar encontrar siempre la mejor solución, pero por lo general son buenos para encontrar una que satisfaga lo que se está buscando u optimizando.

Los algoritmos genéticos fueron creados por John Holland en los años 60, y desarrollados por él mismo junto a sus estudiantes y sus colegas de la Universidad de Michigan, esta técnica imitaba en su funcionamiento a la selección natural y hasta la actualidad siguen siendo utilizados ampliamente en la bioinformática. [28]

En este trabajo se plantea utilizar un par de enfoques utilizados por los métodos exhaustivos para la búsqueda de *motifs*, el primero hace una búsqueda por posición, es decir, que analiza ciertas posiciones iníciales, estas posiciones son aleatorias e indican el inicio de cada patrón en cada una de las secuencias de ADN donde se van a buscar los *motifs*, las secuencias de ADN provienen de un extenso volumen de datos genéticos. Las posiciones iníciales leen las secuencias de datos y regresan cadenas cortas de tamaño fijo, estas cadenas de caracteres se alinean y se contabiliza la frecuencia de los nucleótidos del ADN(A, C, G, T) por cada columna para obtener el consenso y una puntuación, el consenso con la mayor puntuación representa una aproximación a la solución.

El segundo enfoque es la búsqueda por patrón, que es evaluar todas la posibles cadenas que se pueden formar con una longitud fija de nucleótidos e ir comparando de principio a fin dentro de las secuencias de ADN para encontrar el *motif* buscado, para ambos enfoques sería muy costoso en tiempo tratar de encontrar la solución con todas las posibles combinaciones tanto de posiciones iníciales para el primer enfoque como todas las posibles cadenas en el segundo enfoque es decir ir de AAAAA hasta TTTTTT siendo el *motif* a buscar solo de 6 dígitos, por esta razón los algoritmos genéticos mediante poblaciones aleatorias, las cuales representan posibles soluciones, se evalúan se cruzan y se mutan como lo haría la genética para dar origen a nuevos individuos que representen una buena solución.

En la literatura existen varios trabajos realizados para tratar de resolver el problema de la búsqueda de *motifs*, algunos usan algoritmos genéticos, el método de muestreo de Gibbs y algoritmos exhaustivos en general, muchos de los cuales sirvieron como referencia para realizar este trabajo.

La importancia de este trabajo es analizar cuál de los dos enfoques de búsqueda empleados se adapta mejor con los algoritmos genéticos, ya que solo a nivel exhaustivo el enfoque por posiciones tiene mayor complejidad algorítmica que el enfoque por patrones.

Los dos enfoques de búsqueda ya han sido explorados ampliamente pero aún no han sido comparados entre si con algoritmos genéticos. El comparativo incluye cual es más preciso y eficiente para encontrar los *motifs,* en cuanto a tiempo lo encuentra pero lo más importante es cuantas operaciones debe realizar para encontrarlo en cada ejecución.

1.2 Planteamiento del problema

En este trabajo se pretende adaptar los dos enfoques de búsqueda por posición y búsqueda por patrón a los algoritmos genéticos para saber cuál tiene mayor precisión y eficiencia para encontrar los *motifs.* También se pretende saber si mejora su complejidad computacional de los dos enfoques exhaustivos ya adaptados a los algoritmos genéticos.

1.3 Justificación

Es importante saber que la búsqueda de *motifs* en una cantidad grande de información no puede realizarse mediante fuerza bruta por ser un problema NP-Completo, esto nos podría llevar muchos días incluso años en encontrar estos patrones, por eso es el interés de poder encontrar más técnicas que nos permitan encontrar rasgos significativos en el ADN.

Los dos enfoques de búsqueda nos permiten revisar los datos de las secuencias de ADN evaluando todas las posibilidades de búsqueda, sin embargo se debe diseñar un buen método como herramienta para encontrar estos patrones, particularmente en este trabajo se debe diseñar un algoritmo genético y analizar con cual de los dos enfoques se adecua más para encontrar los *motifs*.

Existen trabajos previos realizados con técnicas computacionales aunque la precisión es aceptable aún no es del todo satisfactoria y la búsqueda de *motifs* sigue siendo un problema difícil. [17] Por lo cual se pretende analizar el comportamiento de los dos enfoques con algoritmos genéticos.

1.4 Hipótesis

Al comparar el funcionamiento de los algoritmos genéticos basados en el enfoque de búsqueda por patrones y el enfoque de búsqueda por posición, el algoritmo más rápido y más exacto para encontrar *motifs* es el de búsqueda por posiciones ya que a pesar de tener una mayor complejidad algorítmica en su enfoque exhaustivo, al adecuarse mejor con los algoritmos genéticos permite hacer mejores y más eficientes búsquedas y reducir su complejidad computacional al hacer menos operaciones que la búsqueda por patrones.

1.5 Objetivo general

El objetivo general de este trabajo es hacer un comparativo de los enfoques de búsqueda por posición y búsqueda por patrón mediante los algoritmos genéticos (AG) para no tener que explorar todas las secuencias exhaustivamente, los AG acotan todas las posibilidades y utilizan las más significativas para encontrar la solución. Los resultados dan a conocer que método es más eficiente para encontrar los *motifs*, es decir cuál encuentra mejor estos patrones con datos simulados, estos datos son secuencias creadas aleatoriamente, pero se insertan *motifs* en posiciones aleatorias de forma manual en cada secuencia, y datos del *Homosapiens*, también se obtiene el resultado de cual es más rápido tomando en cuenta la complejidad de cada uno de los métodos propuestos.

1.6 Objetivos específicos

Los objetivos específicos de este trabajo son:

- Diseñar un algoritmo genético que se adecúe a los enfoques de búsqueda por patrón y por posición.
- Generar un análisis de resultados de las pruebas realizadas para medir cual de los enfoques es más rápido y más preciso para encontrar los *motifs*.
- Evaluar cual es la complejidad computacional de ambos enfoques con algoritmos genéticos.

1.7 Contribuciones esperadas

La principal contribución esperada es hacer un análisis comparativo entre la búsqueda por posición y búsqueda por patrón, ambos enfoques con algoritmos genéticos, esperando que sea un trabajo útil para biólogos o bioinformáticos que quieran entender el uso de dichos enfoques y contribuyan para crear más herramientas para la búsqueda de *motifs*.

Capítulo 2

Marco Teórico.

2.1 Motifs de ADN.

Los *motifs* son una clase de patrones en el contexto del análisis de secuencias biológicas. En general los *motifs* podrían representar patrones en cualquier tipo de secuencias biológicas tales como secuencias de ADN, secuencias de ARN, secuencias de proteínas, etc. [26] Pero para este trabajo en particular solo se abarcan los de las secuencias de ADN.

Los *motifs* son conocidos también como TFBS (Transcription Factor Binding Sites) o Sitios de Unión de Factores de Transcripción, se sabe que proteínas especiales o Factores de Transcripción (TF) unidas con subcadenas en el ADN forman estos TFBS, y estas uniones pueden activar o desactivar procesos, los cuales transcriben genes en forma de ARN mensajero (ácido Ribonucleico), estas interacciones dan origen a los organismos vivos por eso los *motifs* o TFBS's son tan importantes en la biología. [8]

Las principales características de los *motifs* es que son de tamaño constante, su tamaño es pequeño (6 a 10 bases) y se presentan en las secuencias de ADN, las cuales están hechas de un alfabeto de 4 caracteres, A, C, G, T. Adenina, Citosina, Guanina y Tiamina respectivamente, que son las bases en las secuencias de ADN [18]

Sin embargo, los principales retos que se presentan en la búsqueda de *motifs* es que los *motifs* son señales muy pequeñas y en poca cantidad en comparación al tamaño de la secuencia de ADN donde se buscan. Así como también el problema de la búsqueda de *motifs* es del tipo NP-Completo por lo que no hay una solución en tiempo polinomial. [18]

En la siguiente imagen se muestra como primeramente el ADN es transcrito a una secuencia de mARN, posteriormente el ARN hace una traducción para convertirlo a una proteína. En otras palabras el ADN hace al ARN y el ARN hace las proteínas. El ribosoma toma una secuencia de nucleótidos y los traduce en una cadena de aminoácidos en el orden establecido por el mARN, formando cadenas poliméricas lineales de una proteína. [27] Las secuencia de mARN es una fiel copia de la secuencia de ADN, pero este caso el ARN utiliza el nucleótido uracil (U) en lugar de la tiamina(T). [14]

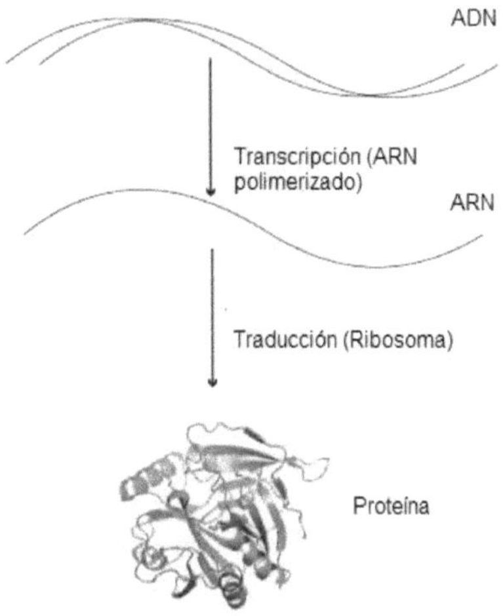

Fig. 1 Traducción de genes a proteínas. [14]

En la siguiente imagen se ve un modelo genérico de cómo trabaja un *motif* o un sitio de unión de factores de transcripción (TFBS por sus siglas en inglés).

Un factor de transcripción se une con un sitio de unión del ADN y de este modo regula la producción de una proteína desde un gen. [22]

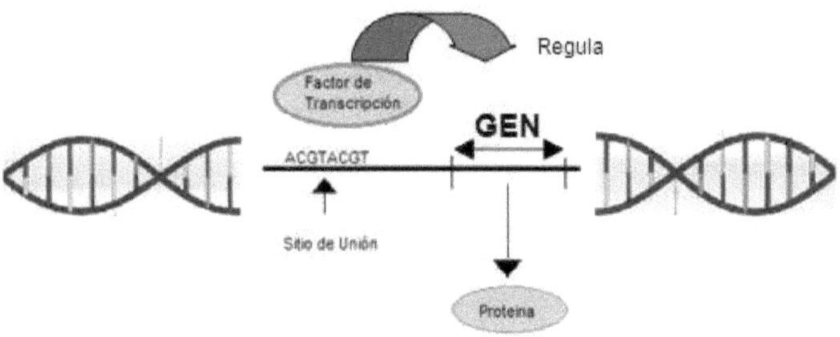

Fig. 2 Sitios de unión de factores de transcripción (TFBS). [22]

A continuación, muestro las frecuencias de los nucleótidos en cada posición y posteriormente la representación gráfica de los *motifs* basado en estas frecuencias:

A	0	0	2	7	0	0	0	0	0	0	1	0
C	4	6	4	1	0	0	0	0	0	5	0	5
G	0	0	0	0	0	1	8	0	0	1	1	2
T	4	2	2	0	8	7	0	8	8	2	6	1
Columna	1	2	3	4	5	6	7	8	9	10	11	12

Fig. 3 Representación Gráfica de un *Motif* basado en frecuencias. [9]

2.2 Métodos exhaustivos de búsqueda.

Los métodos exhaustivos son conocidos también como de fuerza bruta ya que examinan cada una de las posibles alternativas para encontrar una solución. [14] Estos métodos son muy útiles sobre todo cuando no se conoce un método eficiente de solución, además que no son difíciles de diseñar y programar, son buenos para resolver algunos problemas en la biología, pero cabe señalar que pueden tardar mucho tiempo en encontrar una solución cuando crece el tamaño de variables a evaluar.

Existen muchos métodos que a su vez utilizan métodos exhaustivos para solucionar problemas, pero reducen su complejidad al ir descartando posibilidades que se sabe que no están dentro del rango de soluciones, como lo hacen los algoritmos de Branch-and-Bound o en español son conocidos como ramificación y acotamiento y los algoritmos genéticos en los cuales se hace enfoque en este trabajo.

2.3 El problema de la búsqueda de motifs.

Para encontrar una serie de *motifs* o patrones dentro de secuencias de ADN es necesario utilizar un método que nos permita revisar las secuencias y determinar si existe un patrón o *motif* en común.[13]

Para ejemplificar esto se crean secuencias aleatoriamente:

GACTTATGCAAGCTAGATTTAAATTAGACC
GATTGAGGCCTCAGCATGCATGCAACGTAC
AACGTAACCGTGGCATTGCAGCGTACGTTT
TTAGGGCATCAACGTTCAACGTTTAACTGG
TAGCACTGGTACGTACTGAATTTCAAAGGA
AGCTTGAGCATTAACGCACACTGGTTTGCA
TACGATCATGAGCATATCATGATGCATGGG
CATTTTACTTGACACGTAACATCCTGATTT

A continuación, solo con fines de ejemplificar y sea más simple de entender, sabiendo que los *motifs* ocurren naturalmente, se implanta el *motif* ACGTACGT en cada secuencia para tener lo siguiente.

GACTTATGACGTACGTATTTAAATTAGACC
GATTGAGGCCTCAGCATGCACGTACGTTAC
AAACGTACGTTGGCATTGCAGCGTACGTTT
TTAGGGCATCAAACGTACGTGTTTAACTGG
TAGACGTACGTCGTACTGAATTTCAAAGGA
AGCTTGAGCATTAACGCACAACGTACGTCA
TACGATCATACGTACGTCATGATGCATGGG
CATTTTACTTGACACGTAACATACGTACGT

Ya se tiene un *motif* en cada renglón pero a simple vista no se puede descubrir pero existe en cada secuencia.

GACTTATG**ACGTACGT**ATTTAAATTAGACC
GATTGAGGCCTCAGCATGC**ACGTACGT**TAC
AA**ACGTACGT**TGGCATTGCAGCGTACGTTT
TTAGGGCATCAA**ACGTACGT**GTTTAACTGG
TAG**ACGTACGT**CGTACTGAATTTCAAAGGA
AGCTTGAGCATTAACGCACA**ACGTACGT**CA
TACGATCAT**ACGTACGT**CATGATGCATGGG
CATTTTACTTGACACGTAACAT**ACGTACGT**

Debido a que los *motifs* ocurren naturalmente no siempre se tendrá el patrón exacto en todas las secuencias porque en muchos casos puede haber mutaciones, por lo que se cambiará en 2 posiciones al azar cada *motif* para que el ejemplo sea más apegado a la realidad.

GACTTATG**ACGTtCcT**ATTTAAATTAGACC
GATTGAGGCCTCAGCATGC**gCGTcCGT**TAC
AA**ACaTACcT**TGGCATTGCAGCGTACGTTT
TTAGGGCATCAA**AgGTACGg**GTTTAACTGG
TAG**ACGTtCGg**CGTACTGAATTTCAAAGGA
AGCTTGAGCATTAACGCACA**ACGcgCGT**CA
TACGATCAT**AaGTACtT**CATGATGCATGGG
CATTTTACTTGACACGTAACAT**ACGTAgGa**

Como información adicional se debe conocer la longitud de cada *motif* en este caso es 8. La pregunta es ¿se puede encontrar el *motif* si se tiene una mutación en dos letras?

Esto es posible realizando una superposición, una alineación y un conteo de ocurrencias, este último se le conoce como perfil y por último el consenso. La superposición de los *motifs* es decir un paso previo a la alineación de los *motifs*.

```
                    GACTTATGACGTtCcTATTTAAATTAGACC
 GATTGAGGCCTCAGCATGCgCGTcCGTTAC
                              AAACaTACcTTGGCATTGCAGCGTACGTTT
               TTAGGGCATCAAAgGTACGgGTTTAACTGG
                             TAGACGTtCGgCGTACTGAATTTCAAAGGA
AGCTTGAGCATTAACGCACAACGcgCGTCA
                      TACGATCATAaGTACtTCATGATGCATGGG
CATTTTACTTGACACGTAACATACGTAgGa
```

Fig. 4 Superposición de secuencias [14]

A continuación se hace la alineación de *motifs*, se contabiliza la frecuencia de cada letra para obtener el perfil y por último obtener el consenso, eligiendo el caracter con valor máximo.

	A	C	G	T	T	C	C	T
	G	C	G	T	C	C	G	T
	A	C	A	T	A	C	C	T
	A	G	G	T	A	C	G	G
	A	C	G	T	T	C	G	G
	A	C	G	C	G	C	G	T
	A	A	G	T	A	C	T	T
Alineación	A	C	G	T	A	G	G	A

	A	7	1	1	0	4	0	0	1
Perfil	C	0	6	0	1	1	7	2	0
	G	1	1	7	0	1	1	5	2
	T	0	0	0	7	2	0	1	5
Consenso		A	C	G	T	A	C	G	T

Para llegar al consenso previamente se deben conocer las posiciones iníciales S*i* de cada *motif.*

S1 = 9 GACTTATG**ACGTtCcT**ATTTAAATTAGACC
S2 = 20 GATTGAGGCCTCAGCATGC**gCGTcCGT**TAC
S3 = 3 AA**ACaTACcT**TGGCATTGCAGCGTACGTTT
S4 = 13 TTAGGGCATCAA**AgGTACGg**GTTTAACTGG
S5 = 4 TAG**ACGTtCGg**CGTACTGAATTTCAAAGGA
S6 = 21 AGCTTGAGCATTAACGCACA**ACGcgCGT**CA
S7 = 10 TACGATCAT**AaGTACtT**CATGATGCATGGG
S8 = 23 CATTTTACTTGACACGTAACAT**ACGTAgGa**

s = (S1, S2, S3, ….., St)

Encontrar el *motif* es relativamente fácil, cuando se conocen las posiciones iníciales, pero normalmente en la realidad no se conocen estas posiciones, ¿cómo se puede encontrar entonces el perfil o el consenso? La respuesta es encontrar una función que evalúe cierto número posiciones y regrese un resultado, el mejor resultado será el que ayude a encontrar el *motif* a esto le llamamos Puntuación.

Definición de parámetros.

t - Número de secuencias de ADN.

n - Longitud de cada secuencia de ADN.

ADN - Muestra de secuencias de ADN (arreglo de t x n).

l - Longitud del *motif* o patrón.

Si - Posición inicial de un elemento en la secuencia i.

s = (S_1, S_2, S_3, ….., S_t) - Arreglo de posiciones iníciales de cada *motif.*

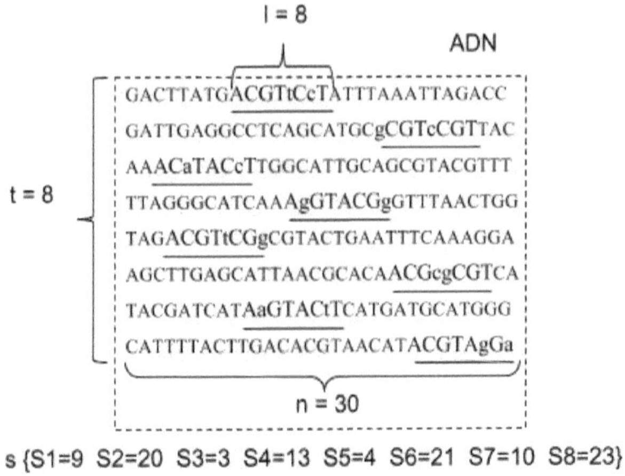

Fig. 5 Parámetros. [14]

En esta figura se observan los parámetros que se utilizan para hacer la búsqueda de motifs, el número de renglones es t, l es la longitud conocida del motif, n es la longitud de cada renglón, ADN es el texto completo donde se van a buscar los motifs y finalmente s que es el arreglo que guarda las posiciones iníciales.

Evaluación de *motifs*.

Para la evaluación de *motifs* se tiene una función que obtiene la puntuación de las posiciones iníciales de los *motifs*, para esto necesitamos realizar la alineación, obtener el perfil y realizar el consenso.

La puntuación se obtiene de la siguiente manera:

Dado s = (S1, . . . , St) y ADN:

Puntuación(s, ADN) =

$$\sum_{i=1}^{l} \max_{k \in \{A,C,G,T\}} count(k,i)$$

Fig. 6 Sumatoria para obtener la puntuación [14]

Como se puede ver en la figura se contabiliza el número máximo que se repite cada letra por columna, lo cual nos dará un número que se sumará por columna para dar como resultado la puntuación.

En otros términos.

	a	G	g	t	a	c	T	t
	C	c	A	t	a	c	g	t
	a	c	g	t	T	A	g	t
	a	c	g	t	C	c	A	t
	C	c	g	t	a	c	g	G
A	3	0	1	0	3	1	1	0
C	2	4	0	0	1	4	0	0
G	0	1	4	0	0	0	3	1
T	0	0	0	5	1	0	1	4
Consenso								
	a	c	g	t	a	c	g	t

Puntuación

3 + 4 + 4 + 5 + 3 + 4 + 3 + 4 = 30

Fig. 7 Pasos para obtener la puntuación [11]

Como se observa en la figura después de alinear las secuencias se debe contabilizar el número de frecuencias máximo por columna para obtener el consenso y la puntuación.

Pseudocódigo para obtener la Puntuación.

ObtenerPuntuacion(s)

```
BEGIN
    FOR Columna Inicial TO Columna Final
        Contabilizar Frecuencias por Columnas
        ValMaxPorColumna = Obtener Valor Máximo por Columna
        Puntuación = Puntuación + ValMaxPorColumna
    END FOR
    RETURN Puntuación
END
```

Como se puede ver en este pseudocódigo para obtener la puntuación, se recibe como parámetro el arreglo de las posiciones iníciales de cada *motif*, se recorre columna por columna contabilizando las frecuencias de A, C, G, T, después se obtiene el valor máximo por columna y se va guardando en una variable para sumarse cada una y finalmente regresar el valor de esa variable.

Puntuación Máxima Ideal.

La puntuación máxima que se puede obtener es cuando el arreglo de posiciones iníciales devuelve la mayor puntuación posible, es decir, cada posición inicial trae consigo los patrones que cuando se alinean y se contabilizan sus frecuencias por columna nos da como resultado el valor máximo a obtener, por ejemplo:

GACTTATGCAAGCTAGACGTACGTTAGACCGGAGTCAGCTGCATGAAGACTGCATGGTAG

GATTGAGGCCTCAGCATGCATGCAACGTACGTACTAGCAACGTTGCAGTACGTGACTGAC

TAACGTACGTTGGCATTGCAGCGTACGTTTGCATGCACGGCTAATGCAAGGCTACGGTTC

TTAGGGCATCAACGTTCAACGTTTAACTGGTGGTGCACCACTGCACGTACGTGCCGAGGA

TAGCACTGGTACGTACTGAACGTACGTTGACGTTTAAAGCAGCCCGTCAGTCCTACGTGC

AGCTTGAGCATTAACGCACACTGGTTTGCAACGTACGTCACTGACTGACTTCAGTCGTTA

TACGATCATGAGCATATCATGATGCATGGGAAGCATTTACTACGTACGTACGTCCGTACA

ACATTTTACTTGACACGTAACATCCTGATTTACGTACGTACACGTACTACGAACTGACAG

GCAGCTACAACTCGGGACATGCTTGCATCTACGGGTGCACTGCACCATGCACGTACGTCA

CACATGCATGCACCACGTACGTAACGTTGGTACAATGGGACTACGATCGGCTACACGTGC

TACGACTGACTCATCAACGTAACTACGAAACAACGTACGTATGCTATGCAATGCATGCTA

ACATCTGGGTAACGTACGTTATATCATACATTTAGGAGGATGCCTTTGCACTAAGCATCT

En este ejemplo el arreglo de posiciones es s= (17,25,3,45,20,31,42,32,51,14,33,12).

Al obtener el patrón que se obtiene de cada posición inicial tenemos:

Pos1 = 17 ACGTACGT
Pos2 = 25 ACGTACGT
Pos3 = 3 ACGTACGT
Pos4 = 45 ACGTACGT
Pos5 = 20 ACGTACGT
Pos6 = 31 ACGTACGT
Pos7 = 42 ACGTACGT
Pos8 = 32 ACGTACGT
Pos9 = 51 ACGTACGT
Pos10 = 15 ACGTACGT
Pos11 = 33 ACGTACGT
Pos12 = 12 ACGTACGT

Posteriormente se alinea, se saca el perfil, se obtiene el consenso y la puntuación:

		A	C	G	T	A	C	G	T
		A	C	G	T	A	C	G	T
		A	C	G	T	A	C	G	T
		A	C	G	T	A	C	G	T
		A	C	G	T	A	C	G	T
		A	C	G	T	A	C	G	T
		A	C	G	T	A	C	G	T
		A	C	G	T	A	C	G	T
		A	C	G	T	A	C	G	T
		A	C	G	T	A	C	G	T
		A	C	G	T	A	C	G	T
Alineación		A	C	G	T	A	C	G	T
	A	**12**	0	0	0	**12**	0	0	0
Perfil	C	0	**12**	0	0	0	**12**	0	0
	G	0	0	**12**	0	0	0	**12**	0
	T	0	0	0	**12**	0	0	0	**12**
Consenso		A	C	G	T	A	C	G	T
Puntuación		12+12+12+12+12+12+12+12 = 96							

La puntuación máxima que se puede obtener en el mejor de los casos es 96.

2.4 Complejidad y Análisis del problema de búsqueda de motifs.

Un algoritmo es una serie de instrucciones que se deben realizar con el fin de resolver un problema. Al solucionar algún problema mediante un algoritmo se puede hacer de diferentes formas, teniendo así diferentes soluciones algorítmicas llegando al mismo resultado. [11] Cuando atacamos un problema muy grande es necesario comparar una solución algorítmica con otra u otras para saber cuántos recursos de memoria o tiempo empleamos para resolver el problema.

No hay una fórmula mágica para analizar la eficiencia de los algoritmos. En su mayor parte es una cuestión de juicio, intuición y experiencia. Sin embargo, existen algunas técnicas básicas que suelen resultar útiles, tales como saber la forma de enfrentarse a estructuras de control y a ecuaciones de recurrencia. [11]

La eficiencia de los algoritmos se mide en función de dos parámetros, el espacio, que es la memoria que utiliza para resolver un problema y el tiempo, que es el tiempo que tarda en ejecutarse. [12]

Existen dos tipos de medición, la medida teórica consiste en obtener una función que acote el tiempo de ejecución de un algoritmo y otra medida real que consiste en medir el tiempo de ejecución de un algoritmo. [12] En otras palabras la medida teórica es el número de instrucciones por una computadora para llegar a la solución.

Para definir qué es lo que nos interesa medir ya sea espacio o tiempo se debe tener en cuenta con que tipo de computadora se ejecuta el algoritmo, es decir, si se utiliza un procesador de última generación comparado con uno de hace 20 años, se encontrará la solución más rápido en el de última generación, sin meterse en detalles de cuántos núcleos tiene para realizar operaciones simultáneas, etc. Por esta razón es difícil medir la complejidad algorítmica como unidad de tiempo, pero si se puede hacer contabilizando el número de instrucciones que realiza un algoritmo, suponiendo que el tiempo de cada instrucción es constante.

Por ejemplo si se tiene la función:

```
function int sumaBucle(int a, int n)
{
   int suma = 0;
   for( int i = 0; i < n; i++)
   {
         suma = suma + a;
         suma = suma + 1;
   }

   return suma;
}
```

Suponiendo que se le pasan los valores 5 y 10 a la variable "a" y "n" respectivamente, se tiene que la línea dentro del ciclo for se ejecuta n veces, en este caso 10 veces, pero como son dos instrucciones dentro del for entonces se ejecuta 2n veces, más la instrucción de retorno en la penúltima línea se tiene entonces que la complejidad de esta función es de 2n + 1. Al final la función devolverá un valor, pero no es relevante para medir la complejidad en este caso particular. Es importante saber que tanto incrementa el tiempo de ejecución cuando se aumenta el valor de n, como se puede ver la función 2n + 1 es lineal y el valor que se pasa a "n" se multiplica por 2, no es lo mismo si "n" vale 10 se ejecutará 20 veces a si vale 1000 se ejecuta 2000 veces, al final se le suma el + 1 y quedaría de 21 instrucciones y 2001 instrucciones respectivamente.

Algunos de los órdenes más importantes se enumeran de la siguiente manera:[15]

$O(1)$	Constante
$O(\log_2 n)$	Logarítmica

$O(n)$	Lineal
$O(n \log_2 n)$	$n \log_2 n$
$O(n^2)$	Cuadrática
$O(n^3)$	Cúbica
$O(n^m)$, $m = 0,1,2,3, \ldots$	Polinomial
$O(c^n)$, $c>1$	Exponencial
$O(n!)$	Factorial

Los problemas P o polinomiales son complejos pero con la ayuda de computadoras pueden resolverse rápido, no todos los problemas pueden ser resueltos en tiempo polinomial, existen otro tipo de problemas como los NP-Completos, NP viene de No Polinomial por sus siglas en inglés, un ejemplo es el clásico problema del vendedor viajero, donde es posible encontrar la solución pero hasta la fecha no se conoce un algoritmo rápido para solucionar este tipo de problemas, se puede decir que los problemas NP-Completos son teóricamente intratables y no pueden resolverse en tiempo polinomial, es decir, tardaríamos miles de años en encontrar una solución óptima, pero puede realizarse una aproximación permitiendo acercarse a la solución en un tiempo polinomial.[16]

En base al libro de Pevzner[14], el algoritmo de fuerza bruta en pseudocódigo para encontrar las posiciones iníciales dentro de las secuencias de ADN es:

```
BRUTEFORCEMOTIFSEARCH(DNA, t, n, l)
bestScore ← 0
for each (s1,.....,st) from (1,.....1) to (n - l + 1,....,n - l+ 1)
    if Score(s,DNA) > bestScore
        bestScore = Score(s,DNA)
        bestMotif ← (s1,s2,...,st)
return bestMotif
```

Donde el *DNA* es el conjunto de datos del ADN a analizar, t es el número de secuencias, n es la longitud de las secuencias y l es la longitud del *motif.*

El número de posiciones se evalúa:

$$(n - l + 1)^t$$

La complejidad algorítmica en el peor de los casos de la búsqueda por posiciones es:

$$O(l \cdot n^t)$$

El pseudocódigo para hacer la búsqueda por patrón es:

BRUTEFORCEMEDIANSEARCH(*DNA*, *t*, *n*, *l*)

```
bestWord ← AAA…..AA
bestDistance ← ∞
for each l-mer word from AAA...A to TTT...T
      if TOTALDISTANCE(word, DNA) < bestDistance
            bestDistance ← TOTALDISTANCE(word, DNA)
            bestWord ← word
return bestWord
```

De igual manera que en el pseudocódigo anterior, *DNA* es el conjunto de datos del ADN a analizar, *t* es el número de secuencias, *n* es la longitud de las secuencias y *l* es la longitud del *motif*.

Su complejidad algorítmica en el peor de los casos:

$$O(4^l \cdot n \cdot t)$$

Donde el número 4 representa a los 4 nucleótidos del ADN(A, C, G, T).

Al realizar una serie de ejercicios se puede observar que la complejidad de la búsqueda por posición es menor a la búsqueda por patrón.

Tomando en cuenta que n es la longitud de las secuencias, l es el tamaño del *motif* y t es el número de secuencias a buscar.

Si $n = 20$, $l = 6$, $t = 7$

Búsqueda por posición:

$(n - l + 1)^t = (20 - 6 + 1)^7 = 15^7 = 170{,}859{,}375$ operaciones.

Búsqueda por patrón:

$(4^l \cdot n \cdot t) = (4^6 \cdot 20 \cdot 7) = 4096 \cdot 140 =$ 573,440 operaciones.

Si $n = 30$, $l = 8$, $t = 12$

Búsqueda por posición:

$(n - l + 1)^t = (30 - 8 + 1)^{12} = 23^{12} = 2.19146244E{+}16$ operaciones.

Búsqueda por patrón:

$(4^l \cdot n \cdot t) = (4^8 \cdot 30 \cdot 12) = 65536 \cdot 360 =$ 23,592,960 operaciones.

Si $n = 60$, $l = 8$, $t = 100$

Búsqueda por posición:

$(n - l + 1)^t = (60 - 8 + 1)^{100} = 53^{100} = 2.67662149E+172$ operaciones.

Búsqueda por patrón:

$(4^l \cdot n \cdot t) = (4^8 \cdot 60 \cdot 100) = 65536 \cdot 6000 =$ 393,216,000 operaciones.

2.5 Algoritmos genéticos.

Los algoritmos genéticos son un modelo computacional, utilizados en problemas de búsqueda y optimización inspirados en la evolución humana, la reproducción sexual y en el principio de supervivencia del más apto.

Una definición más formal dada por Goldberg es que "los algoritmos genéticos son algoritmos de búsqueda basados en la mecánica de selección natural y de la genética natural. Combinan la supervivencia del más apto entre estructuras de secuencias con un intercambio de información estructurado, aunque aleatorizado para construir así un algoritmo de búsqueda que tenga algo de las genialidades de las búsquedas humanas"(Goldberg, 1989) [13]

El primer paso en el algoritmo genético es generar una población de manera aleatoria, esto creará individuos que representan posibles soluciones y codificadas de una forma similar a un cromosoma que irán evolucionando conforme avancen las generaciones mediante la selección natural, el cruce y la mutación. A su vez estos cromosomas tendrán asociada una aptitud o *fitness* que nos permitirá cuantificar si es un buen individuo que represente una posible solución.

En base a esta aptitud se le pueden dar más o menos oportunidades de reproducirse pudiendo ser de una manera elitista, aunque cabe señalar que la mezcla con individuos menos calificados puede dar una mezcla que al final haga que los descendientes tengan una buena evaluación ya que dan más posibilidades de explorar otras soluciones sin caer en un solo sector en donde los individuos mejor calificados no lleguen a explorar del todo otras posibles soluciones.

2.5.1 Representación de un cromosoma.

La figura 8 muestra un cromosoma que por lo regular se representa de forma binaria, pero también puede representarse con números enteros, flotantes, reales, etc. Sin embargo se sustentará más adelante la razón del porqué se pueden realizar mejor las operaciones de un algoritmo genético de forma binaria.

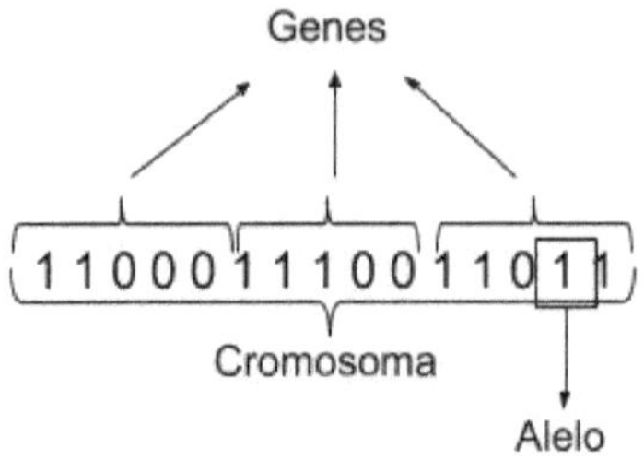

Fig. 8 Representación binaria de un Cromosoma [13]

2.5.2 Algoritmo genético simple.

BEGIN
  Generar población Inicial
  Evaluar cada individuo
  WHILE NOT Terminado **DO**
    FOR 1 **TO** Tamaño de la población / 2
      Seleccionar un par individuos
      Cruzar individuos seleccionados
      Mutar descendientes
      Evaluar descendientes
      Insertar descendientes en nueva generación
    END FOR
    IF Programa *converge* ó número de generaciones = N **THEN**
      Terminado = True
    END IF
  END WHILE
END

Fig. 9 Algoritmo Genético Simple [20]

Cuando se dice que el programa converge es cuando ya no se tienen cambios en la solución en cada generación. Es decir, la solución ya no va a cambiar porque ya no se puede mover más y es posible que ya encontró la solución o porque se fue a un mínimo local y no puede explorar más posibles soluciones.

2.5.3 Selección.

Consiste en escoger a los mejores individuos dentro de una población dependiendo que tan aptos son, es decir, después de ser evaluados se seleccionan los que más sirven para llegar a una posible solución, la selección se puede hacer de varias formas, pero las más comunes son por torneo, por ruleta, por *ranking*. [19]

2.5.4 Selección por ruleta.

Consiste en que cada cromosoma se le asigna un porcentaje en base a su aptitud. La ruleta se gira tantas veces como número de cromosomas para ir determinando que individuos se irán seleccionando, de esta forma, los que tengan mayor aptitud tendrán la posibilidad de ser seleccionados con mayor frecuencia. [19]

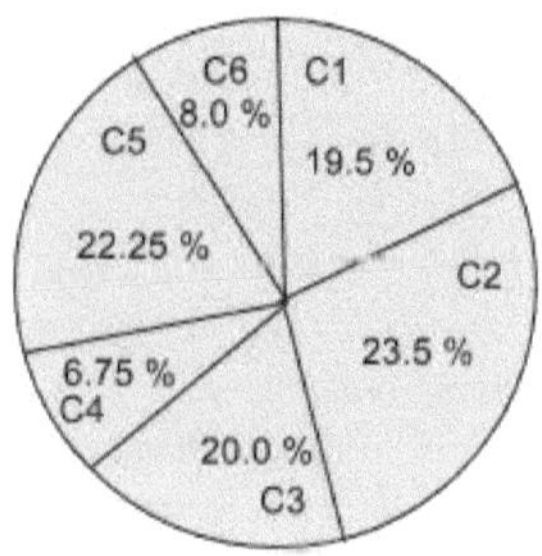

Fig. 10 Selección por ruleta. [19]

En este ejemplo en particular se debe girar 6 veces la ruleta, una por cada cromosoma, y se determina qué individuos se seleccionarán para posteriormente hacer el cruzamiento.

2.5.5 Selección por torneo.

Se refiere a poner a competir aleatoriamente a los individuos de la población en parejas, el mejor evaluado o más apto pasará a la siguiente generación, esto permite seleccionar a los mejores individuos pero también les da oportunidades de reproducirse a los menos aptos cuando compiten con los menos calificados, esto generará mayor diversidad de soluciones y de esta manera pueden ser parte de una solución óptima.

Al ser un torneo en parejas prevalecerá la mitad de esa generación, por lo que se deben realizar dos competencias, los más aptos serán seleccionados dos veces y tendrán más posibilidades de pasar a las siguientes generaciones. [19]

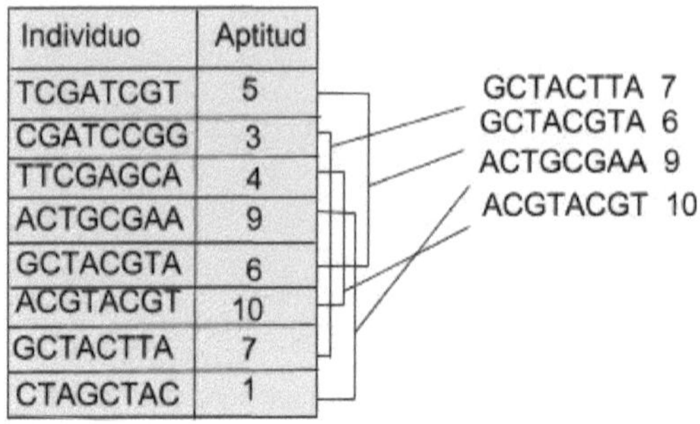

Fig. 11 Selección por torneo [19]

En este ejemplo se puede observar que la selección por torneo al ser una competencia en parejas se benefician los individuos que tengan mejor aptitud, sin embargo, los que tienen menor aptitud tienen oportunidades al enfrentarse con alguno con aptitud baja.

2.5.6 Cruzamiento.

Es la simulación de la combinación biológica entre dos individuos que dará origen a nuevos descendientes. Mediante la combinación en un punto al azar de cruce, los cromosomas intercambian información que permitirá tener nuevos rasgos de los descendientes, buscando mejorar en cada generación la aptitud de los individuos para tener paulatinamente un acercamiento a la mejor solución. [19]

Para ejemplificar el cruzamiento de una posición se tienen dos cadenas.

$(m_1, m_2, m_3, m_4, m_5, m_6, m_7, m_8)$ y $(n_1, n_2, n_3, n_4, n_5, n_6, n_7, n_8)$

Si por ejemplo se escoge al azar el cruce en la posición 6, los descendientes quedan de la siguiente manera.

$(m_1, m_2, m_3, m_4, m_5, \mathbf{n_6}, \mathbf{n_7}, \mathbf{n_8})$ y $(n_1, n_2, n_3, n_4, n_5, \mathbf{m_6}, \mathbf{m_7}, \mathbf{m_8})$

Como se puede ver, ahora los dos descendientes tienen características de ambos cromosomas padres.

2.5.7 Mutación.

Permite modificar de forma aleatoria algún alelo de los cromosomas o individuos en un porcentaje bajo, lo que permite generar cambios significativos e ir mejorando características de dichos cromosomas, lo cual significa llegar a una mejor solución. [19]

Por ejemplo se tiene el cromosoma:

0 0 1 1 1 0 1 **0**

Si se muta la posición 8, el cromosoma quedaría:

0 0 1 1 1 0 1 **1**

Al mutar cualquier alelo al azar el individuo cambia y puede decirse que ya no es el mismo, ya que sufrió un cambio que puede ser significativo, sin embargo, la mutación se hace en un porcentaje muy bajo de individuos.

2.5.8 Evaluación.

Es necesario evaluar o calificar a cada individuo mediante una función de evaluación que nos indique si el individuo o cromosoma evaluado representa una buena solución. La función de evaluación regresa un valor numérico que se conoce también como aptitud o *fitness*, los individuos con mayor aptitud representan las mejores soluciones y tendrán mayores oportunidades de pasar su información a las siguientes generaciones. [19]

2.6 Importancia de la Optimización.

La optimización es el proceso de hacer mejor algo. Un ingeniero o científico crea una idea nueva, la optimización la mejora. La optimización consiste en tratar las variaciones de un concepto inicial y el uso de la información obtenida para mejorar la idea. [7]

Una computadora es una excelente herramienta para la optimización, pero se debe alimentar con datos suficientes y significativos para llegar a una solución. Optimización no significa encontrar la mejor solución en todos los casos, sino llegar a encontrar un resultado que satisfaga lo que se busca.

El término encontrar la mejor solución implica que podría haber varias soluciones y estas pueden ser unas mejores que otras. El término puede ser relativo y depende en sí del problema que se quiere resolver, en algunos casos será para buscar, maximizar o minimizar un resultado.

En este trabajo se incluye el término de optimización porque finalmente esta tesis incluye optimización de dos enfoques de búsqueda de *motifs,* al mejorar o al complementar estos métodos con algoritmos genéticos se está creando un par de enfoques optimizados.

2.7 Trabajos previos realizados para la búsqueda de Motifs

En la literatura se pueden encontrar muchos trabajos para resolver el problema de la búsqueda de *motifs*, como el realizado por Eric C. Rouchka y Bill Thompson basado en el método de muestreo de Gibbs el cual permite encontrar *motifs* en secuencias de ADN.

El método de muestreo de Gibbs consiste básicamente en contabilizar el número de ocurrencias y mediante métodos probabilísticos se obtiene la secuencia con mayor ocurrencia y esta determina el *motif* a buscar. [4] Desde un punto de vista personal es un buen método de búsqueda, pero tiende a quedarse en mínimos locales porque las soluciones se mueven muy poco, no es como los algoritmos genéticos que con el cruzamiento y la mutación puede tener más amplitud para encontrar la solución.

En el trabajo realizado por Liu Falcon y Tsai Jeffrey llamado FMGA: Finding *Motifs* by Genetic Algorithm, se utiliza una función total de aptitud para determinar el mejor individuo y obtener el *motif*, además se usa un método de penalizaciones para obtener las puntuaciones del consenso, con esto los *motifs* se pueden predecir de una manera más eficiente. Como se sabe, el consenso es la secuencia que refleja la base más frecuente en un conjunto de datos de ADN alineados. [5] Por la complejidad algorítmica es más tardado encontrar un *motif* con algoritmos genéticos que el muestreo de Gibbs, sin embargo, los autores confían más en la efectividad para la búsqueda de *motifs* usando algoritmos genéticos porque se obtienen mejores resultados de búsqueda.

En otro trabajo donde se utilizan Algoritmos Genéticos es el realizado por Dongsheng Che, Yinglei Song y Khaled Rasheed llamado MDGA: *Motif* Discovery Using a Genetic Algorithm, en el que también se habla de la importancia de otros algoritmos como métodos y técnicas experimentales como el "DNase foot-printing" y "gelshift assay" para la búsqueda de *motifs*. [6] La parte más interesante de este trabajo es el manejo de posiciones iníciales como el presentado en esta tesis y cuando encuentran alguna solución en un máximo o mínimo local hacen cambio de posiciones iníciales, permitiéndoles explorar otras soluciones y obtener buenos resultados, el manejo de posiciones como ya se ha visto anteriormente, es cuando se tiene un arreglo de posiciones s(pos1, pos2, pos3, pos4, pos n) donde al cambiar el orden de las posiciones en la función de aptitud arroja una nueva puntuación.

Por último, quiero mencionar el trabajo realizado por Fatemeh Zare-Mirakabad llamado Genetic Algorithm for dyad pattern finding in DNA sequences. [10] En donde hablan de un tipo de *motifs* pares separados por espacios, es decir, que estas secuencias pueden estar separadas pero representan patrones. Mencionan además que las aproximaciones que se utilizan para encontrar *motifs* no son del todo útiles para encontrar este tipo de patrones como el enfoque de búsqueda de *motifs* por posiciones. En este trabajo utilizan una función multiobjetivo basada en la suma de pares, el número de coincidencias y el contenido de información, los individuos de la población son optimizados por el método de muestreo de Gibbs. El algoritmo se implementa y prueba con diferentes conjuntos de datos reales.

Afortunadamente dentro de la bioinformática se han hecho grandes esfuerzos para encontrar métodos y técnicas para la búsqueda de *motifs*, se pueden nombrar y analizar muchos trabajos dentro de la literatura, lo cual aporta muchas ideas para diseñar un buen algoritmo de búsqueda de *motifs*, pero el objetivo general de este trabajo es hacer un análisis comparativo de los enfoques de búsqueda por posición y búsqueda por patrón mediante algoritmos genéticos y poder verificar cuál devuelve mejores resultados.

2.8 Método de muestreo de Gibbs.

El método de muestreo de Gibbs, es un algoritmo de inferencia probabilística generalizado, utilizado para generar una secuencia de muestras a partir de una distribución de probabilidad conjunta de dos o más variables aleatorias. Su función consiste básicamente en contabilizar el número de ocurrencias y mediante métodos probabilísticos obtienen la secuencia con mayor ocurrencia, requiere un vector de parámetros de interés que son inicialmente desconocidos. El objetivo principal es encontrar estimaciones de los parámetros de interés para determinar que tan bien se ajustan los datos al modelo de interés y si coinciden con el modelo descrito por los datos observados. [4]

A continuación se muestra cómo encontrar un *motif* con el método de muestreo de Gibbs, se tiene que seguir el siguiente método.

Se tienen n secuencias y se pretende encontrar el *motif.*

1. CGTACTTCGT
2. GTACTACGTA
3. ACTAGGCATC
4. AGATCGACTT

Se debe escoger alguna secuencia, cualquiera que sea, para empezar el muestreo, en este ejercicio se selecciona la primera secuencia.

Posteriormente en las secuencias que no se seleccionaron se debe escoger una posición aleatoria de inicio en cada una, es decir en la secuencia dos, tres y cuatro.

GTA**CTACGTA**

AC**TAGGCAT**C

AGATCGACTT

Posteriormente se genera la tabla de frecuencias de las secuencias no seleccionadas.

	0	1	2	3	4	5	6	7
A	2	2	1	1	0	0	1	2
C	3	1	1	0	1	2	0	0
G	1	0	1	1	1	1	1	0
T	3	0	0	1	1	0	1	1

Nótese que en la columna 0 se ponen las frecuencias de los nucleótidos que están fuera de la posición inicial aleatoria.

La fórmula para obtener las probabilidades es la siguiente: [4]

$$q_{i,j} = \frac{c_{i,j} + b_j}{N - 1 + B}$$

Para obtener la probabilidad de la columna 1 de A se sustituyen los valores.

$$P_{1,A} = \frac{2 + b_j}{4 - 1 + B} = \frac{2 + 0.5}{4 - 1 + 2} = \frac{2.5}{5} = 0.5$$

Donde b_j es un número probabilístico asignado como constante y B es la suma de los 4 numero probabilísticos con valor 0.5 entonces B = 2 y N es el número total de frecuencias a contabilizar por columna.

También debe calcularse para la columna 0. En este caso se calcula la probabilidad de C en la columna 0. Nótese que en la probabilidad de los restantes es la siguiente fórmula:

$$q_{0,j} = \frac{c_{i,j} + b_j}{N + B}$$

$$P_{0,C} = \frac{3 + b_j}{9 + B} = \frac{3 + 0.5}{9 + 2} = \frac{3.5}{11} = 0.32$$

Si se calculan todas las probabilidades queda.

	0	1	2	3	4	5	6	7
A	0.23	0.5	0.3	0.3	0.1	0.1	0.3	0.5
C	0.32	0.3	0.3	0.1	0.3	0.5	0.1	0.1
G	0.13	0.1	0.3	0.3	0.3	0.3	0.3	0.1
T	0.32	0.1	0.1	0.3	0.3	0.1	0.3	0.3

El siguiente paso es calcular los pesos de cada posible posición de los *motifs* en la secuencia seleccionada previamente, se seleccionó la secuencia 1. CGTACTTCGT, después se debe seleccionar una posición inicial aleatoria.

CGTACTTCGT

$$A_1 = \frac{P_{1,C} \cdot P_{2,G} \cdot P_{3,T} \cdot P_{4,A} \cdot P_{5,C} \cdot P_{6,T} \cdot P_{7,T}}{P_{0,C} \cdot P_{0,G} \cdot P_{0,T} \cdot P_{0,A} \cdot P_{0,C} \cdot P_{0,T} \cdot P_{0,T}} = \frac{0.3 \cdot 0.3 \cdot 0.3 \cdot 0.1 \cdot 0.5 \cdot 0.3 \cdot 0.3}{0.32 \cdot 0.13 \cdot 0.32 \cdot 0.23 \cdot 0.32 \cdot 0.32 \cdot 0.32} = \frac{0.0001215}{0.0001003278} \approx 1.21$$

La probabilidad de que se empiece en la posición 1 es 1.21

Después se debe empezar en la segunda posición y así sucesivamente hasta la posición cuatro.

	1	2	3	4
A	1.21	0.026	0.0089	6.055

Después deben normalizarse los resultados, es decir, que el valor de la columna 1 debe dividirse entre la suma de las cuatro columnas (1.21+0.026+0.0089+6.055=7.299), quedaría algo así:

	1	2	3	4
A	0.16	0.003	0.001	0.829

Esto quiere decir que debe empezarse en la posición 4 por tener la mayor probabilidad. Probabilísticamente el *motif* debe ser ACTTCGT para la secuencia 1.

El mismo procedimiento debe hacerse para las siguientes secuencias que deben alinearse para obtener el consenso y ese será el *motif* encontrado.

Capítulo 3

Modelo propuesto.

Existen diversos problemas bioinformáticos que se pueden resolver con algoritmos genéticos como la búsqueda de patrones. En este trabajo se hace una comparación entre dos enfoques para la búsqueda de *motifs*, el primero hace una búsqueda por posiciones, es decir, el cromosoma que se crea genera posiciones iníciales que serán evaluadas para encontrar el patrón a buscar, el segundo método hace búsquedas por patrones, en donde los cromosomas creados podrían ser en si el *motif* a buscar, estos patrones serán evaluados para encontrar el *motif* buscado.

3.1 Búsqueda de motifs por posición usando AGs.

Con este algoritmo genético se pretende generar poblaciones con posiciones aleatorias, estos individuos se evalúan y se determina cuál es el mejor en cada generación, también se pretende encontrar el consenso que indicará cuál es el *motif* encontrado.

Cada individuo de la población generada se representa como un cromosoma que contiene las posiciones iníciales que se van a evaluar y determinar que individuos representan una posible solución.

P1 = {34, 45, 23, 35, 2, 43, 29, 3, 32, 11, 32, 28}

P2 = {4, 24, 19, 43, 23, 5, 45, 11, 23, 10, 34, 33}

.

.

P340 = {52, 10, 8, 3, 41, 32, 7, 43, 11, 9, 10, 1}

El archivo de datos tiene 60 caracteres de ancho, si el *motif* mide 8 dígitos la última posición donde se puede encontrar un *motif* es en la 52. Para esto se requieren 6 bits, se puede representar desde la posición 0 a la 63. Es decir, el 0 es representado como 000000 y el 63 como 111111. Entonces el cromosoma para 12 posiciones iníciales quedará 6 x 12 = 72 bits.

De esta manera, siguiendo el ejemplo anterior el primer individuo queda:

P1 = {34, 45, 23, 35, 2, 43, 29, 3, 32, 11, 32, 28}, la representación del cromosoma queda:

P1 = 100010 101101 010111 100011 000010 101011 011101 000011 100000 001011 100000 011100

Evaluación.

Una vez que se tienen las 12 posiciones iníciales se evalúan las secuencias que vamos a analizar.

En la forma en que se va a evaluar se requieren las posiciones iníciales.

Si se tiene el siguiente cromosoma:

100010 101101 010111 100011 000010 101011 011101 000011 100000 001011 100000 011100

Las posiciones en forma decimal son:

Pos1 = 34
Pos2 = 45
Pos3 = 23
Pos4 = 35
Pos5 = 2
Pos6 = 43
Pos7 = 29
Pos8 = 3
Pos9 = 32
Pos10 = 11
Pos11 = 32
Pos12 = 28

También se tiene el siguiente fragmento de texto donde se devuelve un patrón en la posición que indica cada valor por renglón. Por ejemplo Pos1 = 34, si se verifica el primer renglón y tomando en cuenta que el *motif* tiene longitud de ocho caracteres, se obtiene la cadena GTCAGCTG, para seguir con el ejemplo se tiene que la Pos2 = 45, verificando el segundo renglón se obtiene GCAGTACG.

Continuado con la obtención de valores se tiene.

Pos3 = GTACGTTT
Pos4 = GCACCACT
Pos5 = AGCACTGG
Pos6 = CTGACTTC
Pos7 = GGAAGCAT
Pos8 = ATTTTACT
Pos9 = CGGGTGCA
Pos10 = CACCACGT
Pos11 = AACGTACG
Pos12 = TACATTTA

GACTTATGCAAGCTAGACGTACGTTAGACCGGA**GTCAGCTG**CATGAAGACTGCATGGTAG

GATTGAGGCCTCAGCATGCATGCAACGTACGTACTAGCAACGTT**GCAGTACG**TGACTGAC

TAACGTACGTTGGCATTGCAGC**GTACGTTT**GCATGCACGGCTAATGCAAGGCTACGGTTC

TTAGGGCATCAACGTTCAACGTTTAACTGGTGGT**GCACCACT**GCACGTACGTGCCGAGGA

T**AGCACTGG**TACGTACTGAACGTACGTTGACGTTTAAAGCAGCCCGTCAGTCCTACGTGC

AGCTTGAGCATTAACGCACACTGGTTTGCAACGTACGTCACTGA**CTGACTTC**AGTCGTTA

TACGATCATGAGCATATCATGATGCATG**GGAAGCAT**TTACTACGTACGTACGTCCGTACA

AC**ATTTTACT**TGACACGTAACATCCTGATTTACGTACGTACACGTACTACGAACTGACAG

GCAGCTACAACTCGGGACATGCTTGCATCTA**CGGGTGCA**CTGCACCATGCACGTACGTCA

CACATGCATG**CACCACGT**ACGTAACGTTGGTACAATGGGACTACGATCGGCTACACGTGC

TACGACTGACTCATCAACGTAACTACGAAAC**AACGTACG**TATGCTATGCAATGCATGCTA

ACATCTGGGTAACGTACGTTATATCA**TACATTTA**GGAGGATGCCTTTGCACTAAGCATCT

Fig. 12 ADN a evaluar

Una vez que ya se tiene cada una de las cadenas de las doce posiciones se obtiene el consenso. Como se vio anteriormente se hace el conteo por nucleótido en cada columna.

		G	T	C	A	G	C	T	G
		G	C	A	G	T	A	C	G
		G	T	A	C	G	T	T	T
		G	C	A	C	C	A	C	T
		A	G	C	A	C	T	G	G
		C	T	G	A	C	T	T	C
		G	G	A	A	G	C	A	T
		A	T	T	T	T	A	C	T
		C	G	G	G	T	G	C	A
		C	A	C	C	A	C	G	T
		A	A	C	G	T	A	C	G
Alineación		T	A	C	A	T	T	T	A
Perfil	A	3	3	4	**5**	1	4	1	2
	C	3	2	**5**	3	3	3	**5**	1
	G	**5**	3	2	3	3	1	2	4
	T	1	**4**	1	1	**5**	**4**	4	**5**

Consenso	G T C A T T C T
Puntuación	5+4+5+5+5+5+5+5 = 39

En caso de tener la puntuación igual en dos letras se selecciona una letra al azar, como es el caso de la sexta columna, en donde al azar se seleccionó la T.

Como se puede observar la puntuación total se obtiene de sumar las frecuencias por columna.

Pseudocódigo de la evaluación de la búsqueda por posición.

```
BEGIN
    FOR 1 TO PoblacionTotal
        FOR 1 TO Datos_Entrada.EOF
            FOR 1 TO Longitud_Archivo
                READ Linea;
                FOR 1 TO Longitud_Cromosoma
                    IF Substring(Linea,2) == Substring(Individuo,2) THEN
                        contador ++;
                    END IF
                END FOR
                IF contador > contador_mayor THEN
                    contador_mayor = contador;
                END IF
            END FOR
            fitness += contador_mayor;
        END FOR
    END FOR
END
```

3.2 Búsqueda de motifs por patrones usando AGs

Para la búsqueda de *motifs* por patrones se debe generar una población de individuos o cromosomas que representarán un *motif* de 8 caracteres, por ejemplo GCTTATCA, y cada uno de estos individuos será evaluado y puede representar una posible solución, el individuo con más aptitud será una solución óptima.

La población se genera aleatoriamente con el alfabeto del ADN.

P1 = GTATCCGA
P2 = ATCGTCGA
P3 = TTCGTACG
P4 = ACTGCGGT
.
.
P64 = TCGTAACT

Después de generar la población se cambia cada caracter de forma binaria por paralelismo implícito. Es decir se cambian las letras por unos y ceros, de tal manera que una A se convertirá en "00" la C = "01" la G = "10" y la T = "11", de esta manera, si se tiene la palabra ACGT equivaldrá en binario a tener 00011011.

De esta manera, se puede hacer por ejemplo una mutación, si se decide mutar el último bit quedaría de la siguiente manera 00011010 al hacer la conversión nuevamente se tendrá la palabra ACGG.

De igual forma se puede hacer el cruzamiento.

Si se quiere hacer el siguiente cruce se puede partir a la mitad a los dos individuos y se hace el cruce en ese punto de dos palabras.

Palabra 1: ACGT
Palabra 2: TAAG

Convirtiéndolas en binario quedaría

Palabra 1: 00011011
Palabra 2: 11000010

Al hacer el cruce justo a la mitad quedaría de la siguiente manera.

0001 1011 -> 0001 0010

1100 0010 -> 1100 1011

Cruce 1 : ACAG
Cruce 2: TAGT

Es evidente que el punto de cruce es determinante para generar un individuo diferente y por eso mismo es conveniente la notación binaria.

De igual manera nos resulta más fácil para la mutación cambiar un solo bit en una cadena binaria.

Resultaría más difícil mutar una cadena ACGT ACGT, que aleatoriamente se mute la tercera posición que es una G, ¿por qué valor la mutamos T, A o C?

En cambio, si se tiene la misma cadena binaria 0001101100011011 se puede mutar cualquier bit de 0 a 1 y viceversa y se tendrá una mutación más clara, por ejemplo si se quiere cambiar el bit 6 de la cadena sería 00011**0**11 00011011 a 00011**1** 1100011011, siendo que empezamos con la posición 1.

Esto da como resultado AC**T**T ACGT ya mutado.

Una vez cambiado a binario realizamos la evaluación de individuos, posteriormente la selección, cruce y finalmente la mutación

Evaluación.

Cada individuo de la población se irá comparando con el texto de búsqueda conocido como ADN.

El cromosoma se irá recorriendo posición por posición en cada renglón del ADN de izquierda a derecha, esto dará una puntuación por cromosoma, una vez que se tiene la puntuación se someten a un torneo por parejas, en donde se beneficia a los mejores individuos que pasarán a la siguiente generación, el torneo se realiza dos veces, ya que al ser en parejas en el primer torneo quedará la mitad de la población descartada y se completa la segunda mitad con el segundo torneo.

Si se tiene el primer individuo

P1 = GTATCCGA

Se evalúa en la primera línea del ADN de la posición 1 a la 8.

GACTTATGCAAGCTAGACGTACGTTAGACCGGAGTCAGCTGCATGAAGACTGCATGGTAG

Se tiene la siguiente puntuación por las coincidencias.

G T A T C C G A

G A C T T A T G
1 + 0 + 0 +1 + 0 + 0 + 0 + 0 = 2

La puntuación máxima es 2.

Se recorre hacia la segunda posición, es decir, desde la posición 2 a la 9.

G**ACTTATGC**AAGCTAGACGTACGTTAGACCGGAGTCAGCTGCATGAAGACTGCATGGTAG

G T A T C C G A

A C T T A T G C
0 + 0 + 0 + 1+ 0 + 0 + 1+ 0 = 2

La puntuación máxima sigue siendo 2.

Así sucesivamente se va recorriendo el renglón y se obtendrá la puntuación máxima y el *motif* que dio como resultado esa puntuación.

La puntuación máxima por renglón sería el hipotético caso de que encontráramos el individuo en el renglón.

G T A T C C G A

G T A T C C G A
1 + 1 + 1+ 1+ 1+ 1+ 1 + 1 = 8

Una vez que se haya recorrido el primer renglón, y tener su puntuación se irá recorriendo renglón por renglón en el número de secuencias a evaluar, al final la puntuación de cada renglón se sumará para tener la puntuación global del individuo. El patrón que tenga la puntuación máxima será el *motif* encontrado.

Pseudocódigo de la evaluación de la búsqueda por patrón.

```
BEGIN
    FOR 1 TO PoblacionTotal
        Pos1 = Substring(Individuo[PosicionActual],0,7);
        //...se obtiene la posición 1 a la posición 12
        Pos12 = Substring(Individuo[PosicionActual],77,7);
        FOR 1 TO Longitud_Archivo
            READ Linea;
            palabra1 = Substring(Linea,pos1,8);
            //... se obtiene de la palabra 1 hasta la palabra 12
            READ Linea;
            palabra12 = Substring(Linea,pos12,8);
        END FOR
        ObtieneFitness(palabra1,...,palabra12);
        ObtieneConsenso(palabra1,...,palabra12);
    END FOR
END
```

Capítulo 4

Experimentos y resultados.

En este capítulo se muestran los resultados comparativos entre la búsqueda de *motifs* por patrones y por posición utilizando algoritmos genéticos.

Las pruebas realizadas constan de 30 ejecuciones por cada conjunto de secuencias de ADN en formato FASTA, este formato es el más común en secuencias de ADN, ARN y proteínas y se puede editar en cualquier procesador de texto, la primer línea es la descripción y las otras son las secuencias [2], los primeros 3 conjuntos de datos son simulados y las secuencias fueron creadas aleatoriamente, los *motifs* fueron insertados en posiciones aleatorias manualmente, finalmente, se hace la prueba con un conjunto de secuencias de ADN del *Homosapiens* para encontrar también un *motif*.

Para esta prueba se utilizó un equipo con sistema operativo Windows 7 Profesional de 64 bits, memoria RAM de 4 GB y un procesador Core i5 de 2.50 GHz. El programa para hacer las pruebas de búsqueda por patrón y búsqueda por posiciones con algoritmos genéticos fue codificado en Microsoft Visual C# 2010.

Los parámetros utilizados para el algoritmo genético son, porcentaje de cruzamiento 20% con un solo punto de cruce seleccionado al azar, porcentaje de mutación 1%, el tamaño de la población para búsqueda por patrones es de 64 individuos y la población de la búsqueda por posición es de 340 individuos, el número de generaciones es de 100, la selección se hace por torneo de tamaño dos. Estos parámetros fueron determinados empíricamente realizando pruebas preliminares y se determinó que con estos valores se obtenían mejores resultados.

A continuación se muestra dos gráficas únicamente de la primera ejecución con el primer conjunto de datos. Solo es para ver la comparación de la aptitud obtenida de generación en generación de la búsqueda por posición y la búsqueda por patrón, en ambos casos se encontró la secuencia exacta, es decir, si se encontró el *motif*, sin embargo se puede observar que tarda más generaciones en encontrarlo la búsqueda por posición con algoritmos genéticos, a pesar de que la búsqueda por patrón con algoritmos genéticos tiene más complejidad computacional, porque hace una búsqueda más exhaustiva y el tamaño del cromosoma y la población es más grande, pero converge en menos generaciones. El comportamiento de la aptitud de la búsqueda por posición evoluciona más lento, más adelante se muestra cuál tiene mayor exactitud. Con la primera ejecución y con el primer conjunto de datos los dos algoritmos encontraron el *motif* a buscar "ACGTACGT".

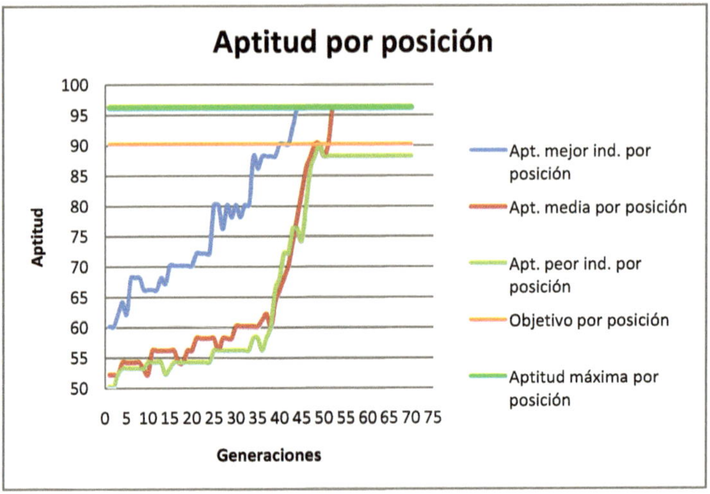

Fig. 13 Gráfica de aptitud por posición

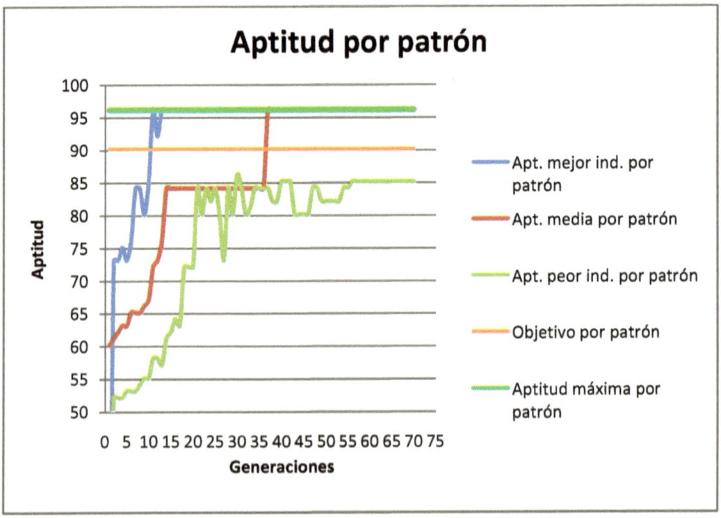

Fig. 14 Gráfica de aptitud por patrón

En las gráficas se observan los dos enfoques de AGs, para poder comparar visualmente cuál encuentra más rápido el motif, en cuanto a número de generaciones, como se puede ver lo encuentra en menos generaciones la búsqueda por patrón que la búsqueda por posición, en una sola ejecución, en el eje x representa las generaciones y el eje y representa la aptitud.

Como se observa en las gráficas los dos métodos tienen una aptitud máxima, representada en color verde y es lineal en el eje de las y, para ambas búsquedas su valor es de 96, la aptitud objetivo es de color naranja y de la misma forma es lineal, a lo que se le llama la aptitud objetivo es el valor de la puntuación, en ambos caso de 90, que se debe alcanzar al menos en ambas búsquedas para encontrar el *motif* por medio del consenso.

Otro dato obtenido es que la búsqueda por patrón encuentra la aptitud máxima en un menor número de generaciones, pero es muy importante señalar que el número de generaciones no es una buena métrica para medir qué método es mejor porque entre generaciones pudiera tardar una búsqueda 1 minuto y la otra búsqueda 1 día, solo es un comparativo para ver cómo se comporta la aptitud en cada método, más adelante se hace un comparativo de tiempo y de número de operaciones. Para el caso de la búsqueda por patrón encontró la solución en la generación 12, y la búsqueda por posición la encuentra en la generación 44 en ambos casos con la mejor puntuación encontrada es de 96.

Para ambos métodos se tienen 3 datos, la aptitud del mejor individuo, la aptitud media y la aptitud del peor individuo e indican que aptitud se obtuvo en cada generación, la mejor, la media ya la peor alcanzada respectivamente. El mejor individuo es el mejor calificado por generación es decir el que tiene la mejor aptitud, el peor individuo es el menos calificado y no representa una buena solución, en la aptitud media son individuos que pueden convertirse en individuos útiles. En realidad hasta un individuo con mala aptitud cruzado con uno de buena aptitud se puede convertir en la solución óptima, obteniendo la aptitud máxima.

Otro dato importante para analizar es lo que llamamos la precisión, y quiere decir qué tan bien encontró el *motif* en las distintas pruebas y con ambos enfoques. Para esta prueba se analizaron los resultados de los promedios de las ejecuciones de los 3 conjuntos de datos probados. Por ejemplo si el *motif* a buscar es GATTACCA una precisión del 100% se da en todas las ejecuciones donde se haya encontrado el patrón GATTACCA.

Como se puede ver en la siguiente gráfica se analizó la precisión de ambos métodos en donde se indica el porcentaje en que se encontró el *motif* solo en el primer conjunto de datos, en los 3 conjuntos de datos el resultado en porcentaje fue muy similar por eso solo se muestra la gráfica del primer conjunto de datos.

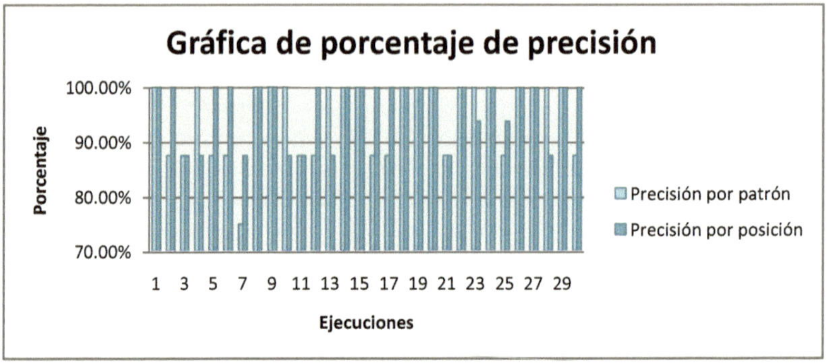

Fig. 15 Gráfica de porcentaje de precisión

Como se observa tiene mejores resultados el método de búsqueda por posición porque tiene mejores porcentajes encontrando el *motif* que la búsqueda por patrón. Se encontró al 100% el *motif* para la búsqueda por patrón 18 veces, mientras que para la búsqueda por posición 20 veces.

La siguiente gráfica muestra el promedio de la efectividad o las veces que se encuentra el *motif* en cada uno de los dos enfoques con los 3 conjuntos de datos simulados.

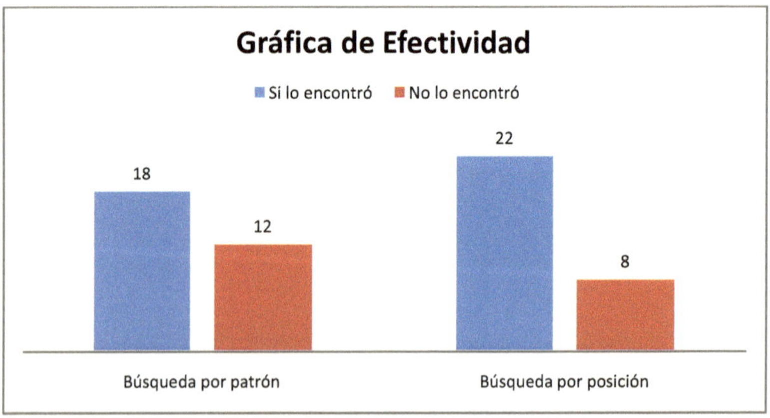

Fig. 16 Gráfica de Efectividad

Como se puede observar encuentra más veces el *motif* la búsqueda por posición a comparación de la búsqueda por patrón, se puede decir que es más efectivo el método de la búsqueda por posición.

A continuación se muestra la gráfica del número de operaciones realizadas en los dos algoritmos de búsqueda con algoritmos genéticos con el primer conjunto de datos de prueba. El número de operaciones que realiza es en base a la evaluación de cada individuo, con esto se puede medir la complejidad computacional que se realiza. El número de operaciones realizadas se obtiene de multiplicar el número de operaciones en la evaluación por individuo, por el número de individuos, por el número de generaciones donde se encontró el *motif*.

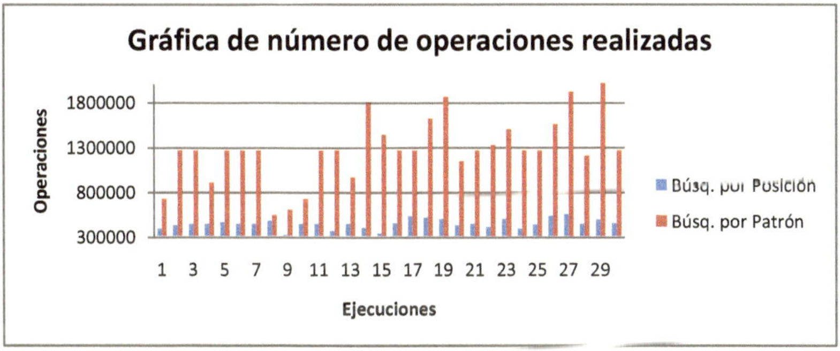

Fig. 17 Gráfica de número de operaciones realizadas

La gráfica nos demuestra que la complejidad computacional es mayor en la búsqueda por patrón, con esto se llega a la conclusión que cambió la complejidad computacional cuando los enfoques se adaptaron a los algoritmos genéticos, ya que en el marco teórico se hizo un comparativo de los dos enfoques exhaustivos y se tenía más complejidad en el enfoque por posición.

4.1 Pruebas con datos del ADN del Homosapiens.

Las siguientes pruebas fueron realizadas con datos del ADN del *Homosapiens*, para ello se compararon el enfoque de algoritmos genéticos de búsqueda por patrón y búsqueda por posición con el trabajo llamado The Gibbs *Motifs* Sampler for DNA[21], en el que se pueden hacer experimentos en línea y también es posible descargar el código fuente, para comprobar que *motif* encuentra en las secuencias con datos del *homosapiens* y de está manera verificar que tan eficientes son los dos enfoques propuestos respecto al método de Gibbs, si son eficientes y cual de los dos obtiene mejores resultados.

Las pruebas con el programa del método de Gibbs arrojaron los siguientes resultados.

```
Sequences to be Searched:
_________________________
#1  PruebaBDHomosapiensGibbsSampling

Processed Sequence Length: 1440 Total sequence length: 1440
======================================================================
======================== MAP MAXIMIZATION RESULTS ====================
======================================================================
-------------------------------------------------------------------
                 MOTIF

Motif model (residue frequency x 100)
____________________________________________
Pos. #    a  t  c  g  Info
_____________________________
   1 |  100 .  .  .  1.5
   2 |  100 .  .  .  1.5
   3 |   .  .  100 .  1.7
   4 |   .  .  100 .  1.7
   5 |   .  .  100 .  1.7
   6 |   .  .  100 .  1.7
   7 |   75 .  .  25  1.0
   8 |  100 .  .  .  1.5

nonsite  32  22  29  16
site     46  .   50  3

Motif probability model
____________________________________________
Pos. #   a     t     c     g
____________________________________________
   1 | 0.992 0.003 0.004 0.002
   2 | 0.992 0.003 0.004 0.002
   3 | 0.004 0.003 0.991 0.002
   4 | 0.004 0.003 0.991 0.002
   5 | 0.004 0.003 0.991 0.002
   6 | 0.004 0.003 0.991 0.002
   7 | 0.745 0.003 0.004 0.249
   8 | 0.992 0.003 0.004 0.002

Background probability model
      0.318 0.234 0.282 0.166

8 columns
Num Motifs: 8
   1, 1    351 tgcca AACCCCAA aaaca    358  0.76 F PruebaBDHomosapiensGibbsSampling
   1, 2    539 gggga AACCCCGA accaa    546  0.13 F PruebaBDHomosapiensGibbsSampling
   1, 3    555 aacca AACCCCAA agaca    562  0.67 F PruebaBDHomosapiensGibbsSampling
   1, 4    635 cacat AACCCCAA aaaca    642  0.96 F PruebaBDHomosapiensGibbsSampling
   1, 5    865 atact AACCCCAA ggttg    872  0.96 F PruebaBDHomosapiensGibbsSampling
   1, 6   1081 ttaga AACCCCAA tatgc   1088  0.95 F PruebaBDHomosapiensGibbsSampling
   1, 7   1221 cgata AACCCCGA tcaac   1228  0.22 F PruebaBDHomosapiensGibbsSampling
   1, 8   1373 ttttc AACCCCAA aaaac   1380  0.94 F PruebaBDHomosapiensGibbsSampling
                     ********
```

Column 1 : Sequence Number, Site Number
Column 2 : Left End Location
Column 4 : Motif Element
Column 6 : Right End Location
Column 7 : Probability of Element
Column 8 : Forward Motif (F) or Reverse Complement (R)
Column 9 : Sequence Description from Fast A input

Lo que nos indica que el *motif* encontrado fue AACCCCAA en 8 secuencias dentro del conjunto de datos del *Homosapiens*.

A continuación se muestran los resultados arrojados por los dos métodos con datos del *homosapiens*. Como se puede observar en las gráficas, los resultados coinciden con el análisis de datos simulados, el método de búsqueda por posición tarda más generaciones en encontrar los *motifs*, sin embargo tiene mejor precisión, a continuación muestro las gráficas que demuestran lo dicho anteriormente.

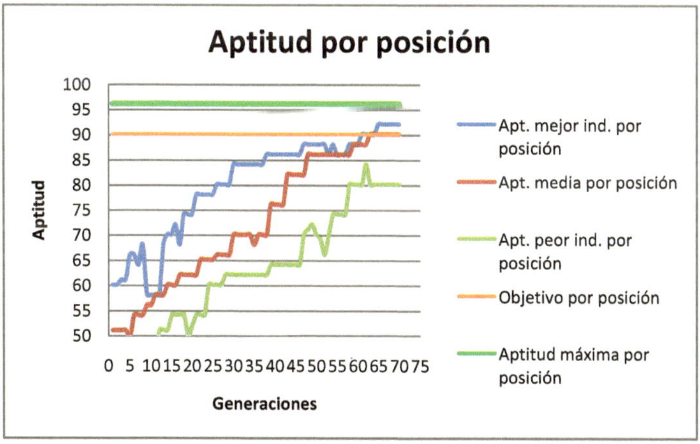

Fig. 18 Gráfica de aptitud por posición con datos del *homosapiens*

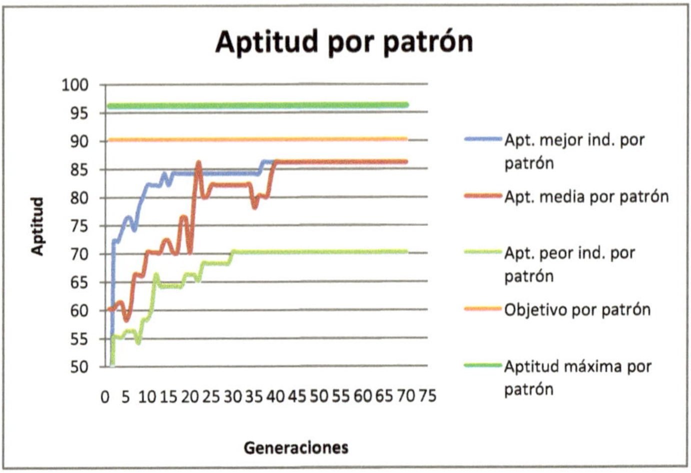

Fig. 19 Gráfica de aptitud por patrón con datos del *homosapiens*

La siguiente gráfica muestra que se encontró al cien por ciento el *motif* 19 veces con la búsqueda por patrón y 20 veces con la búsqueda por posición. Con lo que se determina que es más precisa la búsqueda por posición con datos del *homosapiens*.

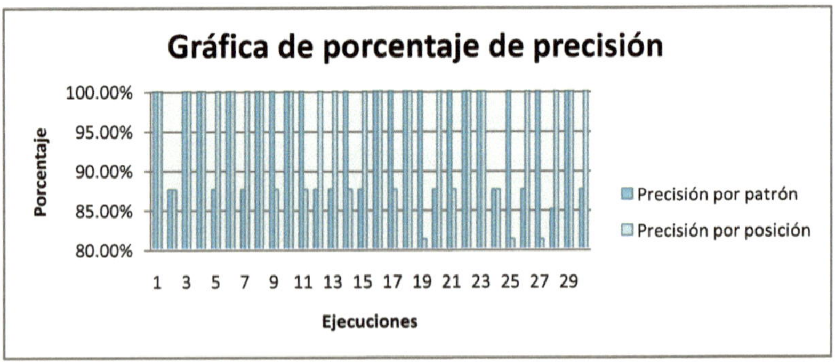

Fig. 20 Gráfica de porcentaje de precisión con datos del *homosapiens*

A continuación se muestran los resultados de efectividad con datos del *homosapiens*, como se recordará la efectividad es el número de veces que se encontró el *motif.*

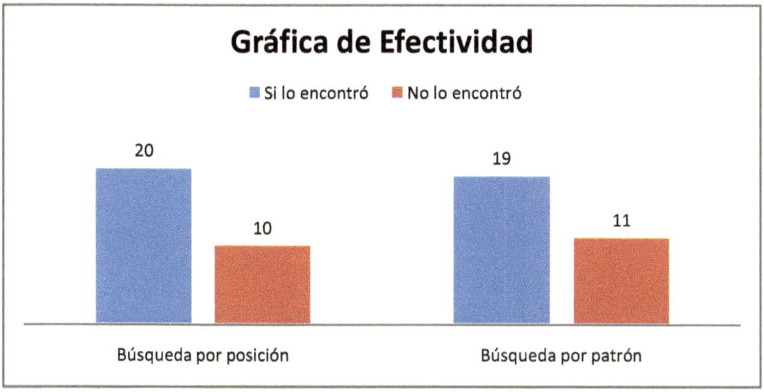

Fig. 21 Gráfica de Efectividad con datos del *homosapiens.*

Como se observa se tuvo más precisión el método de búsqueda por posición, sin embargo, la búsqueda por patrón tuvo un desempeño aceptable.

La siguiente gráfica nos muestra el tiempo promedio que tardó en encontrar el *motif* en los dos métodos de búsqueda con datos simulados y con datos del *Homosapiens*.

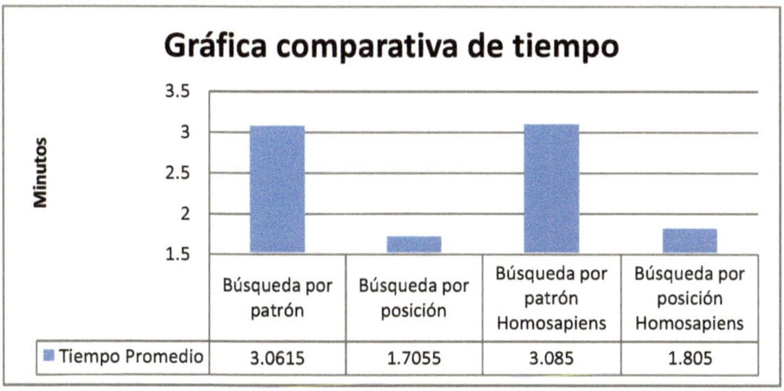

Fig. 22 Gráfica comparativa de tiempo

Los resultados que arroja son que en promedio para la búsqueda por patrón con datos simulados tarda 3.06 segundos, en la búsqueda por posición con datos simulados tarda 1.7 segundos en promedio, para la búsqueda por patrón con datos del *homosapiens* tarda 3.08 y la búsqueda por posición con datos del *homosapiens* tarda 1.8 segundos, lo que demuestra que es más rápida la búsqueda por posición en ambos casos, pero cabe señalar que la complejidad ya con algoritmos genéticos en el enfoque de búsqueda por patrón es mayor a la búsqueda por posición.

En cuanto a la comparación con el método de Gibbs para el caso de datos del *homosapiens* fue muy efectiva su búsqueda, para este caso no entró en ningún mínimo local y tuvo una efectividad del 100%, tuvo un pequeño error ya encontró 8 *motifs* y revisando los datos solo debería encontrar 7 *motifs*. Esto no da argumentos para decidir que es mejor que los algoritmos genéticos pero como trabajo futuro podría revisarse la efectividad con un volumen de datos más grande.

4.2 Prueba Shapiro-Wilks, T de Student y Wilcoxon.

El análisis de datos realizados con la prueba de Shapiro-Wilks permite saber si los datos cuentan con una distribución normal. Se escogió esta prueba ya que se considera que es de las mejores pruebas para encontrar la normalidad sobre todo en muestras menores o iguales a 30 datos. [29] [31]

En cuanto a la prueba T de Student y la de Wilcoxon nos permiten determinar que los resultados no fueron obtenidos solo por aleatoriedad, es decir, que los algoritmos obtuvieron resultados confiables.

Las pruebas realizadas fueron hechas en el software RStudio y dieron los siguientes resultados.

Los datos de la prueba1 corresponden a la aptitud promedio de los 3 conjuntos de datos que se obtuvo en la última generación de la búsqueda por patrón.

Prueba1=(86,87.33333333,87.66666667,88,88,88,88,88,89.33333333,90,90,90,90.6666 6667,90.66666667,90.66666667,91.33333333,92,92,92,92,92,92,92,94,94,94,96,96,96)

Shapiro-Wilk normality test [29] [31]

data: prueba1

W = 0.94684, p-value = 0.1515

El valor de p-value es mayor al intervalo de confianza de 5%, en este caso p-value = 15.15%

Hipótesis a probar:

H_0: Los datos tienen una distribución normal.
H_1: Los datos no tienen una distribución normal.

Se rechaza la hipótesis nula H_0 si P-value < intervalo de confianza (5%). [29] Por lo tanto, los datos tienen una distribución normal.

Los datos de la prueba2 corresponden a la aptitud promedio de los 3 conjuntos de datos que se obtuvo en la última generación de la búsqueda por posición.

Prueba2=(87.66666667,87.66666667,88.33333333,88.33333333,88.66666667, 89.33333333,89.66666667,90,90,90.66666667,90.66666667,91.66666667,92,92,92.33333333,92.66666667,92.66666667,92.66666667,92.66666667,92.66666667,92.66666667,93.33333333,93.66666667,94,94.33333333,95,96,96,96,96)

Shapiro-Wilk normality test [29] [31]

data: prueba2

W = 0.94768, p-value = 0.1465

El valor de p-value es mayor al intervalo de confianza de 5%, en este caso p-value = 14.65%
Se rechaza la hipótesis nula H_0 si P-value < intervalo de confianza (5%). Por lo tanto, los datos tienen una distribución normal.

La siguiente prueba es sobre el número de operaciones realizadas en cada ejecución hasta encontrar el *motif*, en la búsqueda por posición.

prueba3 = (318240,335920,362440,388960,388960,397800,406640,424320,424320,433160,442000,442000,442000,442000,442000,442000,442000,442000,442000, 450840,450840,459680,477360,486200,495040,495040,512720,530400,530400, 548080)

Shapiro-Wilk normality test [31]

data: prueba3

W = 0.95681, p-value = 0.2561

El valor de p-value es mayor al intervalo de confianza que es del 5%, en este caso p-value = 25.61%

Se rechaza la hipótesis nula H_0 si P-value < intervalo de confianza (5%). Por lo tanto, los datos tienen una distribución normal.

A continuación se presenta la prueba del número de operaciones realizadas en cada ejecución hasta encontrar el *motif* en la búsqueda por patrón.

Prueba4 = (539136,599040,718848,718848,898560,958464,1138176,1198080,1257984, 1257984,1257984,1257984,1257984,1257984,1257984,1257984,1257984,1257984, 1257984,1257984,1257984,1317888,1437696,1497600,1557504,1617408,1797120, 1857024,1916928,2096640)

Shapiro-Wilk normality test [31]

data: prueba4

W = 0.91981, p-value = 0.02652

El valor de p-value es menor al intervalo de confianza que es del 5%, en este caso p-value = 2.65%

Se rechaza la hipótesis nula H_0 si P-value < intervalo de confianza (5%). Por lo tanto, los datos no tienen una distribución normal.

A continuación se hace la prueba T de Student [30] con 2 muestras independientes de datos de la prueba1 y prueba 2 que corresponden a la aptitud promedio de los 3 conjuntos de datos que se obtuvo en la última generación de la búsqueda por patrón y búsqueda por posición respectivamente.

Welch Two Sample t-test [30] [31]

data: prueba1 and prueba2
t = -1.4836, df = 56.408, p-value = 0.1435
alternative hypothesis: true difference in means is not equal to 0

95 percent confidence interval:
-2.4058202 0.3583106

sample estimates:

mean of x mean of y
90.95402 91.97778

Hipótesis a probar:

H_0: Los datos tienen similitud entre sí.
H_1: Los datos no tienen similitud entre sí.

El valor de p-value es mayor al intervalo de confianza que es del 5%, en este caso p-value = 14.35%

Se rechaza la hipótesis nula H_0 si P-value < intervalo de confianza (5%). Por lo tanto, los datos tienen similitud entre si, es decir, el algoritmo genético de búsqueda por patrón tiene similares resultados en cuanto a la aptitud con respecto al algoritmo genético de búsqueda por posición.

Por último, se hace la prueba de Wilcoxon por tener una distribución no normal en una prueba, con 2 muestras independientes de datos de la prueba3 y prueba4 que corresponden al número de operaciones realizadas en cada ejecución hasta encontrar el *motif* en la búsqueda por posición y búsqueda por patrón respectivamente.

Wilcoxon rank sum test with continuity correction [30] [31]

data: prueba3 and prueba4

W = 1, p-value = 2.448e-11

alternative hypothesis: true location shift is not equal to 0

Hipótesis a probar:

H_0: Los datos tienen similitud entre sí.
H_1: Los datos no tienen similitud entre sí.

El valor de p-value es menor al intervalo de confianza que es del 5%, en este caso p-value = 2.448e-9%

Se rechaza la hipótesis nula H_0 si P-value < intervalo de confianza (5%). Por lo tanto, los datos no tienen similitud entre si, es decir el algoritmo genético de búsqueda por posición no tiene similares resultados en cuanto al número de operaciones realizadas con respecto al algoritmo genético de búsqueda por patrón.

Lo que se puede concluir con estas pruebas es que los resultados no fueron aleatorios, en cuanto a las pruebas de aptitud, es decir, que los dos enfoques de búsqueda con algoritmos genéticos permitieron encontrar resultados confiables y determinar que el algoritmo de búsqueda por posición es más eficiente para encontrar *motifs*.

En cuanto a la complejidad computacional, con el análisis estadístico no se tienen elementos suficientes para determinar que los datos arrojados demuestran que el algoritmo por posición es mejor, esto es porque la búsqueda por posición tiene menor complejidad que la búsqueda por patrón. Por lo que al tener menor complejidad computacional la búsqueda por posición, es decir, hace menos operaciones, se puede decir que es más rápida que la búsqueda por patrón.

Capítulo 5

Conclusiones y trabajo futuro.

La búsqueda de *motifs* o TFBS (Transcription Factor Binding Sites) Sitios de Unión de Factores de Transcripción es importante para la biología ya que estos patrones son traducidos en forma de genes al ARN(Ácido Ribonucleico) para poder explicar el origen de los seres vivos.

Para encontrar estos patrones se tienen diversas herramientas computacionales como los algoritmos genéticos, que nos ayudan a resolver problemas de optimización y búsqueda de manera eficiente, es cierto que estos algoritmos no van a encontrar en ocasiones la respuesta más óptima, pero sí la que satisfaga la solución que esperamos, la parte interesante es que con los algoritmos genéticos se evita utilizar búsquedas exhaustivas porque acota todas las posibilidades que se podrían probar para encontrar la solución, es decir, se van descartando soluciones que no den un beneficio o no den una solución óptima.

Otro de los métodos más apropiados para encontrar *motifs* son el método de muestreo de Gibbs, que es un método rápido pero no siempre encuentra una solución óptima y suelen caer en mínimos locales cuando tiene poca información, según un punto de vista personal, es decir, si hay pocos patrones en las secuencias le es difícil encontrar el *motif* o no encuentra nada, ya que probabilísticamente va buscando las similitudes y si no tiene mucha referencia sus cálculos no son buenos, cuando el *motif* existe en varias secuencias tiene muy buenos resultados.

Dentro de este trabajo se realizaron 30 ejecuciones por cada conjunto de secuencias de ADN, con lo que se pudo descubrir el *motif* en la mayoría de los casos, por lo regular se obtienen buenos resultados, comparado con lo que dice la literatura del método de muestreo de Gibbs, que desde un punto de vista personal es más rápido que los algoritmos genéticos, pero no quiere decir que sea mejor, los algoritmos genéticos deben generar poblaciones, en las que los individuos deben evaluarse para saber qué tan aptos son, se deben mutar y cruzar los individuos de nuevas generaciones y volver a evaluarse, esto es generación tras generación, lo que demuestra una mayor complejidad algorítmica que el método de muestreo de Gibbs, pero es más eficiente para volúmenes grandes de datos.

Los dos enfoques de búsqueda por si solos tardarían mucho tiempo en encontrar un patrón debido a las millones de operaciones que deben realizar para revisar todas las posibles soluciones, ya implementados con algoritmos genéticos baja su complejidad y según los resultados analizados en este trabajo el enfoque de búsqueda por posición funciona mejor con algoritmos genéticos, ya que es más rápido y eficiente para encontrar patrones.

Considero como un aporte importante de este trabajo es el hecho de demostrar que con el enfoque exhaustivo se tiene una mayor complejidad algorítmica en la búsqueda por posición, pero cuando se adapta a un algoritmo genético la complejidad mayor ahora es de la búsqueda por patrón. Esto es porque por posición se hacen menos operaciones para evaluar a un individuo que en la evaluación por patrón.

Se puede concluir entonces que la hipótesis se cumple ya que al comparar el funcionamiento de los algoritmos genéticos basados en el enfoque de búsqueda por patrones y el enfoque de búsqueda por posición, el algoritmo más rápido y más exacto para encontrar *motifs* es el de búsqueda por posiciones ya que a pesar de tener una mayor complejidad algorítmica en su enfoque exhaustivo, al adecuarse mejor con los algoritmos genéticos permite hacer mejores y más eficientes búsquedas y reducir su complejidad computacional al hacer menos operaciones que la búsqueda por patrones.

Cabe mencionar que en este trabajo solo encuentra un solo *motif* en cada ejecución pero el programa es capaz de encontrar otros basándose en la aptitud de los mismos, no solo del mejor individuo, sino de los que están debajo del más apto.

Cuando se incrementan las secuencias donde se buscan los *motifs* la complejidad aumenta como se muestra en el análisis de complejidad de los dos enfoques de búsqueda, igual cuando cambia el tamaño del *motif* cambia significativamente la complejidad.

Como trabajo futuro podría diseñarse un método en el cual se combinen los algoritmos genéticos con el enfoque de búsqueda por patrón y búsqueda por posición para ganar velocidad y ganar eficiencia al encontrar *motifs*.

También como trabajo futuro se pueden realizar pruebas con secuencias más largas de datos y con *motifs* con mutaciones en datos simulados, en esté trabajo no se usaron *motifs* con mutaciones, porque se incluyó el análisis con datos reales del *homosapiens*, lo cual nos da un buen parámetro de que tan bien trabajan ambos algoritmos genéticos.

Desde un punto de vista personal se puede continuar dentro de de la línea de algoritmos genéticos para dar solución al problema de búsqueda de *motifs*. Pienso que hay mucho terreno por explorar todavía, por eso tomé la decisión de realizar el análisis de dos enfoques de búsqueda, el primero generando palabras y el segundo generando posiciones, el primero tiene que procesar más operaciones por hacer una comparación de letra por letra, pero el segundo es más óptimo al descartar más rápidamente soluciones poco óptimas para ayudarme a encontrar *motifs* o patrones de secuencias de ADN pero sin duda se puede diseñar un algoritmo más óptimo con algoritmos genéticos.

REFERENCIAS:

[1] Nello Cristianini, Matthew W. Hahn, "Introduction to Computational Genomics, A Case Studies Approach", p. 182

[2] Walteros Medina Jennifer, Garzón Urrego Fabrizzio, "Recopilación Bioinformática", Universidad Distrital Francisco José de Caldas, 2012, p. 101

[3] Krane Dan E., Raymer Michael L., "Fundamental Concepts of Bioinformatics", Pearson Education, 2002, p. 314

[4] Rouchka Eric, "A Brief Overview of Gibbs Sampling", Department of Computer Engineering and Computer Science, University of Louisville, 2008, p. 8

[5] Liu Falcon, Tsai Jeffrey, Chen R.M., Chen S.N., "FMGA: Finding Motifs by Genetic Algorithm", Fourth IEEE Symposium on Bioinformatics and Bioengineering (BIBE'04), 2004, p. 8

[6] Che Dongsheng, Song Yinglei, Rasheed Khaled, "MDGA: Motif Discovery Using A Genetic Algorithm", Department of Computer Science, University Of Georgia, GA USA, p. 6

[7] Randy L. Haupt and Sue Ellen Haupt, "Practical Genetic Algorithms Second Edition", 2004, p. 253

[8] González Álvarez David L., "Metaheurísticas, Optimización Multiobjetivo y Paralelismo para Descubrir Motifs en Secuencias de ADN", Tesis Doctoral, Universidad de Extremadura, 2013, p.219

[9] D'haeseleer P., "What are DNA sequence motifs?", Nature Biotechnology, 2006, p. 3

[10] Zare-Mirakabad Fatemeh, Ahrabian Hayedeh, et al, "Genetic algorithm for dyad pattern finding in DNA sequences", Genes Genet. Syst., 2009, p.13

[11] G. Brassard, P. Bratley, "Fundamentos de algoritmia", 1996, Prentice- Hall, p. 579

[12] Guerequeta Rosa, Vallecillo Antonio, "Técnicas de diseño de algoritmos", Servicio de Publicaciones de la Universidad de Málaga, 1998, p. 313

[13] Gestal, Marcos; Rivero, Daniel; Rabuñal, Juan Ramón; Dorado, Julián; Pazos, Alejandro, "Introducción a los Algoritmos Genéticos y la Programación Genética". 2010, p. 76

[14] Neil C. Jones y Pavel A. Pevzner, "An Introduction to Bioinformatics Algorithms", 2004, p. 435

[15] Grimaldi Ralph P., "Matemáticas Discreta y Combinatoria Una introducción con Aplicaciones", Addison-Wesley Iberoamericana, 1997, p.1044

[16] Cormen Thomas H., Leiserson Charles E., et al, "Introduction to Algorithms", MIT Press, 2009, p. 1292

[17] Rahul Chauhan, Dr. Pankaj Agarwal, "A review: Applying Genetic Algorithms for Motif Discovery", IJCTA, 2012, p. 6

[18] Pradhan Medha, "Motif Discovery in Biological Sequences", Master's Projects, San Jose State University, 2008, p. 38

[19] Coello Coello Carlos A., "Algoritmos genéticos y sus aplicaciones", CINVESTAV, p. 11

[20] Moujahid Abdelmalik, Inza Iñaki y Larrañaga Pedro, "Algoritmos Genéticos", Departamento de Ciencias de la Computación e Inteligencia Artificial, Universidad del País Vasco, p. 33

[21] Rouchka Eric C., Thompson Bill, Gibbs Motif Sampler Homepage, http://ccmbweb.ccv.brown.edu/cgi-bin/gibbs.12.pl?data_type=DNA

[22] XMU Software, "Promoter-Decoder Program", Xiamen University, 2012, http://2013.igem.org/Team:XMU_Software/Project/promoter

[23] Genoscope Homepage, Centre National de Séquençage, "The Human Genome Project", 2008, http://www.genoscope.cns.fr/spip/The-Human-Genome-Project.html

[24] Jensen L. Kyle, Stycynski Mark P., et al, "A generic *Motif* Discovery Algorithm for Sequential Data", Oxford University Press,2005, p. 8

[25] RStudio Open Source, https://www.rstudio.com/products/rstudio/download/, Version 0.99.903 – © 2009-2016 RStudio, Inc.

[26] Lones Michael A., Tyrell Andy M., "Regulatory Motif Doscovery Using a Population Clustering Evolutionary Algorithm", IEEE/ACM Transactions on Computational Biology And Bioinformatics, 2007, p.12

[27] Ceroni Alessio, "Prediction of structure and Function of Proteins and Ligans by Means of Neural and Kernel Methods for Structured Data", PhD Thesis, Università Degli Studi Di Firenze, 2005, p.162

[28] Mitchell Melanie, "An Introduction to Genetic Algorithms", A Bradford Book The MIT Press, 1999, p.157

[29] Nornadiah Modh Razali, Yap Bee Wah, "Power comparisons of Shapiro-Wilk, Kolmogorov-Smirnov, Lilliefors and Anderson-Darling tests" University Teknologi MARA Malasya, Journal of Statistical Modeling and Analystics, 2011, p.13

[30] Boslaugh Sara, Watters Paul A.,"Statistics in a Nutshell a desktop quick reference", O'Reilly, 2008, p.478

[31] Adler Joseph, "R in a Nutshell a desktop quick reference", O'Reilly, 2010, p. 650